Das Leben im Mittelalter

Der Alltag einer faszinierenden Zeit

tosa

Inhalt

Einige Worte vorweg

Wir leben in einem aufgeklärten Zeitalter und stehen mit beiden Beinen im 21. Jahrhundert. In unserer hochtechnisierten Welt sind wir ständig unter Zeitdruck. Und doch ist da diese Sehnsucht nach der Vergangenheit und dieser Wunsch aus dem Alltag zu flüchten. Niemals zuvor – weder im ausgehenden industriellen Zeitalter noch in der beginnenden Ära allumfassender Informationen – war die Bereitschaft, sich in einfache und überschaubare Zeiten zurückzuträumen, so groß wie heute.

Kaum eine andere Epoche begeistert uns so sehr wie die Zeit zwischen Karl dem Großen und der Reformation. Doch warum fasziniert dieses als rückständig und düster geltende Zeitalter zwischen 500 und 1500 den Menschen von heute so sehr, dass er an den Wochenenden karges Mittelalterleben so naturgetreu wie möglich miterleben will, Bücher wie „Der Medicus" liest oder den bösen schwarzen Ritter mithilfe von Computerspielen ins 21. Jahrhundert holt? Welche Sehnsucht treibt Männer an, die mit Schwert, Schild und Harnisch auf dem Turnierplatz Ritterhelden spielen? Die Sehnsucht, endlich einmal wieder ein „richtiger" Mann sein zu können? Welche Sehnsucht beflügelt Frauen, die am offenen Feuer einen Plausch halten oder filzen, kochen oder nähen? Der Wunsch, sich ganz ihrer Weiblichkeit hingeben können, ohne ein schlechtes Gewissen haben zu müssen? Eine Auszeit vom Alltag?

Im Grunde ist die Begeisterung für das Mittelalter eine Reaktion auf einen Verlust an Orientierung in einer globalisierten, komplexen Welt. Eine Welt, die darunter leidet, dass sie keine Mysterien mehr hat. Sehnsuchtsvoll blicken die Menschen in eine Zeit zurück, in der nicht jeden Tag etwas Unvorhersehbares drohte. Die Sehnsucht nach Ritualen, Mythen, Helden und Heldinnen ist groß – und sie ist nicht neu. Bereits in der Romantik wendeten sich Menschen von dem Diktat des kalten Verstandes ab, das die Aufklärung ihnen auferlegen wollte und schwärmten von den vermeintlich besseren Zeiten des Mittelalters. Für Novalis war die „Zwischenzeit" die glückliche Epoche, die von Einheit, Ganzheit und Gemeinschaft geprägt war.

Doch war die „gute, alte Zeit" nun wirklich so viel besser, harmonischer, übersichtlicher? Gab es da nicht Pest, Plünderungen, Kriege, Hunger und eine allseits übermächtige Kirche, die keinen anderen Glauben duldete und das Weltbild von den drei Ständen zementierte, in denen der Großteil der Bevölkerung keine Chance auf ein besseres Leben hatte? Nicht zu vergessen die Frauen, die sich dem Wunsch von Vater und Ehemann zu beugen hatten. Und was ist mit den vielen Menschen, die im Verlauf der Inquisition auf dem Scheiterhaufen ihr Leben lassen mussten?

Vieles wird verklärt, anderes zu Unrecht verteufelt. So ist das auch mit dem Mittelalter, eine Bezeichnung, die übrigens erst seit dem 17. Jahrhundert Gültigkeit hat. Die Epochengrenzen variieren. So wurden z. B. der Sieg Konstantins des Großen über Licinius 324, der seine Alleinherrschaft begründete, der Einbruch der Hunnen 375, der die eigentliche Völkerwanderung einleitete, das Ende des weströmischen Kaisertums 476, der Langobardeneinfall in Italien 568, ja, sogar die Kaisererhebung Karls des Großen im Jahre 800 als Datum für die Zeitenwende vorgeschlagen. Doch keines dieser Ereignisse markierten den Übergang in ein neues Zeitalter. Deshalb geht man heute von einer Übergangszeit aus, der Völkerwanderung vom 4. bis 6. Jahrhundert. Der Fall Konstantinopels im Jahr 1453 durch die Türken kündigte dann das Ende des Mittelalters an; 1517 läutete Martin Luther mit seinen 95 Thesen schließlich die Reformation ein.

Unser kleiner Streifzug in die Lebenswelt des Mittelalters versucht, ein wenig Licht ins Dunkel bringen, Wegweiser zu sein, wenn es darum geht, Vergangenes zu verstehen und Heutiges richtig einzuordnen, unsere ureigene Geschichte und die unserer Vorfahren kennenzulernen.

Das Haus Gottes: Alles der Gemeinschaft

Beten, Kämpfen, Arbeiten

„Das Haus Gottes ist dreigeteilt: die einen beten, die anderen kämpfen, die dritten endlich arbeiten“, konstatierte Bischof Adalbero von Laon um das Jahr 1000. In der Tat begründete das „gottgegebene“ Ständesystem das gesellschaftliche Gerüst des mittelalterlichen Lebens. Es wies jedem Menschen, der von der Geburt bis zum Tod in ein überschaubares Umfeld eingebunden war, seinen Platz in der Gemeinschaft zu. Durch die Entstehung der Städte und die Ausbildung verschiedener Handwerke im Hochmittelalter wurde am Bollwerk dieser Dreiklassengesellschaft gerüttelt. Immer mehr verlor diese ihre Rolle als sozialer Kitt einer ausgehenden Epoche. Nicht mehr die Gemeinschaft, sondern das Individuum wurde zum Hauptakteur.

Grundherrschaft und Lehnswesen

Der mittelalterliche „Staat“ war eher ein Personenverband, der seine Legitimation aus dem persönlichen Verhältnis zwischen dem Herrscher und den von ihm in unterschiedlicher Weise und vielfachen Abstufungen abhängigen Untertanen bezog. Mächtig war, wer über reichlich Grund und Boden verfügte. Im Fränkischen Reich (5. bis 9. Jh.), das unter Karl dem Großen seine größte Blüte erfuhr, war der König unumstritten der bedeutendste Grundherr. Nach der späteren Teilung erwuchs aus dem östlichen Teil (Ostfrankenreich) das mittelalterliche deutsche Reich (Heiliges Römisches Reich Deutscher Nation) und aus den westlichen Arealen Frankreich. Das berühmte „Capitulare de villis“ von 792/93, eine detaillierte Betrachtung des Königs über Verwaltung, Wirtschaft und Rechtsordnung karolingischer Domänen, gewährt nähere Einblicke in die Struktur der Grundherrschaft: Neben dem König konnte sich eine eher kleine Führungsschicht behaupten, der Hochadel. Doch auch die katholische Kirche verfügte über Ländereien und generierte daraus eine große Machtfülle.

Der Großgrundbesitz von König, Adel und Kirche war grundherrschaftlich organisiert, in der Regel im Rahmen des sogenannten Fronhofverbandes. Den Kern seines Ackerlandes, das Salland, bewirtschaftete der Grundeigentümer mithilfe von hörigem Hofgesinde und abhängigen, dienstverpflichteten Bauern, den anderen Teil, die Hufen (Bauernstellen), überließ er eigenständigen Landwirten. Die Gegenleistung für die Eigenwirtschaft bestand in hohen Abgaben an den Grundherrn und Frondiensten. Dazu zählten die Hand- und Spanndienste.

Karl der Große zwischen den Päpsten Gelasius I. und Gregor I.; Miniatur aus dem Sakramentar Karls des Kahlen, um 870

In der Saat- und Erntezeit mussten die Bauern zunächst die Felder ihres Herrn bestellen, bevor ihnen erlaubt war, ihre eigenen Ackerflächen zu bewirtschaften.

Diese Organisationsform bezeichnet man als Villikation, Fronhofsverfassung oder Betriebsgrundherrschaft; Letztere im Gegensatz zur Rentengrundherrschaft, die sich mit dem Anstieg des Geldumlaufs entwickelte und während der die Herrenhöfe zu Sammelpunkten für alle Abgaben wurden.

Die Praxis der Simonie

Auch Kirchenfürsten konnten belehnt werden, sie erhielten sogenannte Fahnenlehen oder herzogliche Gewalt. Besonders die Ottonen und die frühen Salier bauten im 10. und 11. Jahrhundert auf Erzbischöfe, Bischöfe und Äbte, verliehen ihnen Güter, verlangten dafür aber auch Dienstleistungen. Die geistlichen Fürsten wurden mit dem Stab und dem Ring belehnt, bevor sie ihr Amt antraten. Diese Praxis stieß auf Kritik. Die Reformer aus dem Kreis des Klosters Cluny verurteilten sie als Simonie, also als Käuflichkeit des geistlichen Amtes. Gegen die Ämtervergabe war auch Papst Gregor VII. Der Konflikt ist als Investiturstreit in die Geschichtsbücher eingegangen. Ein Kompromiss wurde im Wormser Konkordat von 1122 erzielt. Danach verzichtete Kaiser Heinrich V. auf die Investitur (Einsetzung) der Bischöfe mit Ring und Stab und gestand kanonische Wahlen und freie kirchliche Weihen zu. Der Papst erkannte an, dass bei der Wahl der Reichsbischöfe und -äbte der König berechtigt sei, das Zepter zu übergeben.

Die Goldene Bulle von 1356 war das wichtigste Grundgesetz des Heiligen Römischen Reiches. Seither erfolgten Wahl und Krönung der römisch-deutschen Könige durch die Kurfürsten. Hier: Die sieben Kurfürsten wählen Heinrich VII. zum König.

In einem auf Lebenszeit abgeschlossenen Vertrag, aus dem es keinerlei Entrinnen gab, begaben sich die Armen in die Schutzherrschaft eines Mächtigen und verpflichteten sich ihrerseits zu Dienst und Treue: „Wie jedermann weiß, besitze ich nicht die Mittel, mich zu nähren und zu kleiden. Deshalb habe ich Euer Mitleid erbeten, und Ihr habt mir gewähren wollen, dass ich mich Euch übergebe und mich Eurem Schutz anvertraue. Dies habe ich zu folgenden Bedingungen getan: Ihr werdet mir helfen und mich mit Nahrung und Kleidung versorgen, soweit ich Euch dienen und nützlich sein kann. Solange ich lebe, schulde ich Euch Dienst und Gehorsam, soweit dies mit einem freien Stand vereinbar ist; meiner Lebtag verzichte ich auf das Recht, mich Eurer Macht und Schutzherrschaft zu entziehen." (Zit. nach Michel Mollat: Die Armen im Mittelalter)

Auch geistliche Würdenträger konnten belehnt werden: Der heilige Bischof Nikolaus mit Kindern und einem Engel, gemalt von einem italienischen Künstler.

Die Lehnspyramide

Der König bzw. Kaiser war der bedeutendste Grundherr und sicherte sich seine Gefolgsleute aus dem hohen Adel, indem er ihnen Landbesitz aus Königsgut zur Leihe übertrug, später auch Ämter und Rechte. So entstand das Lehnswesen, eine Verschmelzung von Landleihe und persönlicher Treue, der sogenannten Vasallität. Ein solcher Lehnsvertrag wurde auf Gegenseitigkeit abgeschlossen: Der Lehnsmann verpflichtete sich zu Diensten – in der kriegsbetonten Zeit stand der Waffengang im Mittelpunkt – und Treue. Der Lehnsherr versprach im Gegenzug Schutz und ebenfalls Treue.

Die Großen des Reiches standen damit als königliche Vasallen, als Kronvasallen, in einem Abhängigkeitsverhältnis zum Herrscher. Sie waren mit einer gewichtigen Machtfülle ausgestattet: einerseits als Amtsträger, als Grafen, Markgrafen, Pfalzgrafen und Königsboten, andererseits als Besitzer eigener Grundherrschaften. Durch die Vergabe von Land, Rechten und Ämtern schufen sie sich Untervasallen (Ritter, Äbte, Beamte, Ministeriale) und bauten damit ihren eigenen Machtapparat auf. Die Untervasallen wiederum sicherten sich die Frondienste von hörigen und leibeigenen Bauern. Trotz der Bindung des Lehens an Treue und Vasallität setzte sich bereits seit dem 9. Jahrhundert deren Erblichkeit durch. Und das mit nicht ganz unbeträchtlichen Folgen: Am Anfang haben sich die Adeligen unter die Gewalt desjenigen begeben, der ihren Unterhalt sichern konnte, aber dann gewannen sie durch die erblich gewordenen Lehen mehr und mehr Selbstständigkeit. Nun besaßen sie selbst die Mittel, eine Politik zu betreiben, die ihren eigenen Vorstellungen entsprach. Der Lehnsherr wurde von seinen Vasallen, die ihrerseits an Einfluss gewannen, immer abhängiger. Das führte so weit, dass der deutsche König ohne Zustimmung seiner Kronvasallen die weit ausgreifende Politik nicht durchsetzen konnte. Zudem wuchs der Streit zwischen den einzelnen Fürsten in einem Maße, das den Eindruck eines schwachen, in sich gespaltenen Reiches offensichtlich werden ließ.

Mit dem Aufeinanderprallen von Söldnerheeren, dem rasanten Aufstieg der Städte und dem damit verbundenen Vordringen der Bürger in die Verwaltung sowie der territorialen Herrschaftsbildung im Spätmittelalter verlor das Lehnswesen mehr und mehr an Bedeutung.

Freie und Unfreie

Das Lehnswesen und das sogenannte Landrecht bestimmten im Mittelalter den Gesellschaftsaufbau. Das Landrecht regelte u. a. Streitigkeiten über Liegenschaften, die nicht Lehen, sondern Eigentum der Herren waren, sogenanntes Allod. Ein weiteres Kriterium entsprang dem Landrecht: die Unterscheidung zwischen frei und edel auf der einen und unfrei auf der anderen Seite. Es gab nicht nur unfreie Bauern, sondern auch andere Unfreie, die als Diener im Haus des Herrn lebten und dort arbeiteten. Diese Diener oder Ministerialen waren vom Anrecht auf ein Lehen ausgeschlossen. Sie wurden mit Gütern ausgestattet, die nach ihrem Tod wieder zurück an den Besitzer fielen. Ohne ausdrückliche Genehmigung seines Herrn durfte ein Ministeriale

Fresko der heiligen Klara, Begründerin des Klarissenordens, von Simone Martini in der Kapelle der Unterkirche der Basilika San Francesco in Assisi (14. Jh.)

keine Ehe eingehen. Dieser gab seine Zustimmung zu einer Hochzeit meist nur, wenn auch die Frau aus einer seiner Ministerialenfamilien stammte. Denn dann gehörten die Nachkommen ihm. Das änderte sich allerdings im Verlauf des 12. und 13. Jahrhunderts. Ministerialen wurden lehnsfähig und genossen in der Gesellschaft hohes Ansehen.

Die Sprossen der Standesleiter

„Die einen beten, die anderen kämpfen, die dritten endlich arbeiten ..." An der Spitze der Drei-Stände-Pyramide – wohlgemerkt unter dem König bzw. Kaiser, der unumstritten die Nummer eins war – stand der Klerus, der für das Seelenheil seiner Schäfchen zuständig war. Er galt zudem als Hüter der Kultur und war für die Bildung verantwortlich. In einer Zeit, in der kaum jemand sonst des Schreibens und Lesens mächtig war, hatten Geistliche bedeutende Verwaltungspositionen inne.

Auch der Klerus war in jener Zeit ständisch organisiert, er gliederte sich in den hohen und den niederen Klerus. Erzbischöfe und Bischöfe, aber auch die Domherren, waren meist adeliger Herkunft. Sie waren äußerst eng in das höfische Leben eingebunden und fungierten hauptsächlich als Ratgeber von Fürsten, König oder Kaiser. Ihre sich daraus ableitenden Privilegien hoben sie deutlich von der übrigen Priesterschaft ab, die sich im niederen Klerus wiederfand. Bürgerliche Pfarrer spielten aufgrund ihrer niedrigen Machtposition im gesellschaftlichen Gefüge eine geringe Rolle, sie waren es aber, die einen engen Bezug zum Volk hatten und sich um die Bedürfnisse von Bauern und Bürgern kümmerten. Auch Mönche gehörten dem niederen Klerus an; Nonnen aber nicht, weil sie kein Priesteramt innehaben durften.

Adel und Klerus

Auf der nächsten Sprosse stand der Adel, der machtpolitisch mit dem Klerus fast auf einer Stufe stand. Damit sind die zahlreichen Konflikte zwischen weltlichen und geistlichen Kräften über das gesamte Mittelalter hinweg zu erklären. Die Hauptaufgabe des Adels war der Schutz der beiden anderen Stände und die Sicherung des Friedens. Der hohe Adel bestand aus dem sogenannten Geburtsadel und dem etwas niederen Dienstadel, welcher sich jedoch erst später herausbildete. Der hohe Adel war reichsunmittelbar und empfing somit seine Lehen direkt vom Kaiser. Seine gewaltige Machtfülle erlaubte ihm, sich an politischen Entscheidungsprozessen zu beteiligen.

Im Frühmittelalter war das Aufnahmekriterium, um in den Adelsstand aufgenommen zu werden, lediglich die Fähigkeit, mit eigenem Pferd, Rüstung und Waffen an militärischen Aktionen teilnehmen zu können. So war es möglich, dass auch Bauernsöhne diese Qualifikationen erfüllten und dem Ritterstand und somit dem Adel angehören konnten. Die Ministerialen, anfangs unfreie Verwalter adeliger Güter, stiegen in hohem Maße zum niederen Adel auf. Sie waren es auch, die eine Mehrheit der Ritter stellten.

Rund drei Viertel aller Menschen – meist Bauern – versammelten sich auf der unteren Stufe der Ständepyramide. Ihre Arbeit verrichteten sie meist auf dem Land, das ihnen der Grundherr zur eigenen Bewirtschaftung zugewiesen hatte.

Standesgemäßes Verhalten

Die Zugehörigkeit zu einem bestimmten Stand musste durch standesgemäßes Verhalten sichtbar gemacht werden, um sich deutlich abzugrenzen. Kleider- und Luxusverordnungen sollten verhindern, dass sich jemand über seinen Stand erhob. Sozialkritik an der Herrschsucht des Adels und dem Streben der Bauern nach Höherem, so lesen wir bei Sabine Buttinger, wurde auch häufig literarisch verarbeitet: „Der Bauer möchte sein ein Knecht, dünkt etwa ihn sein Leben schlecht, der Knecht wär gerne Bauer, dünkt ihn sein Leben sauer. Der Pfaff wollt gern als Ritter wesen, verdrießt es ihn, sein Buch zu lesen, sehr gern der Ritter Pfaffe wär, wirft aus dem Sattel ihn der Speer." (Thomasin von Zerklaere)

Im Gegenzug verbrachte ein unfreier Bauer etwa drei von sieben Tagen mit Arbeiten für seinen Herrn und zahlte noch Abgaben an ihn, anfangs in Form von Naturalien. Das Leben der Menschen war hart. Hohe Kindersterblichkeit, eine geringe Lebenserwartung von durchschnittlich 30 Jahren und die schlechte medizinische Versorgung forderten ihre Opfer. Das Leben der Menschen war hauptsächlich durch Arbeit geprägt. Das war ihr Schicksal. Gottgewollt, so wurde es ihnen eingeredet.

Das gesamte Mittelalter hindurch lebten auch Bauern im Status der Freiheit, vor allem im Frühmittelalter war ihre Zahl noch relativ hoch. Durch Kriege, Missernten und Krankheit konnten allerdings viele ihr Land nicht mehr bestellen, verkauften es und wurden zu Halbfreien. Der Status des Halbfreien hatte für den Betroffenen zur Folge, dass er als Person zwar noch frei war, jedoch für das Land, das er bewirtschaftete, an den Grundherrn einen Zins entrichten musste.

Die Tätigkeit des Scharfrichters galt als unehrlich. Er wurde gesellschaftlich ausgegrenzt.

Randgruppen und Außenseiter

Neben diesen drei idealisierten Ständen gab es auch eine Vielzahl von Menschen, die in keine dieser Sparten passten: Bettler, Spielleute, Zigeuner, Prostituierte, Aussätzige und Angehörige anderer Religionen. Daneben gab es Berufe, die als unehrlich galten. Wer als Abdecker, Totengräber, Henker oder Latrinenleerer arbeitete, wurde gesellschaftlich ausgegrenzt, gemieden und musste an oder vor der Stadtmauer wohnen. Schon damals wurden die unangenehmsten und schwersten Arbeiten am schlechtesten entlohnt und mit sozialer Verachtung gestraft. In vielen Städten gab es im Spätmittelalter Kleiderordnungen für diese Randgruppen, die sich durch spezielle Merkmale, wie farbige Kleidungsstücke oder Glöckchen, bemerkbar machen mussten. All diese Gruppen kämpften in der mittelalterlichen Stadt um ihre Existenz. Nur wenigen gelang der Ausstieg aus ihrem Randgruppendasein. Die meisten waren schon durch ihre Geburt zur marginalisierten Existenz verurteilt, andere erst durch eigenes Verschulden oder unverschuldetes Unglück. Sie prägten das Bild der mittelalterlichen Stadt genauso wie Geistliche, Handwerker und Händler. Jedoch gibt es über diese Randgruppen im Gegensatz zu den Kirchen, Bürgerhäusern und Kontoren so gut wie keine Zeugnisse.

Zweifel an göttlicher Bestimmung

Die mittelalterliche Ordnung beruhte auf sozialer Ungleichheit. Adel und Geistlichkeit genossen das Leben in vollen Zügen und ignorierten dabei Schweiß und Tränen der ausgebeuteten kleinen Leute, denen man das Dreiständeschema als Willen Gottes und als Weg zum eigenen Seelenheil schmackhaft machte. Im Angesicht Gottes gäbe es keine Reichen oder Armen, keine Herren oder Knechte, sondern nur Christen, die auf das Jüngste Gericht warteten. Der Klerus schürte im einfachen Volk die Angst, das Seelenheil zu verlieren und auf ewig verdammt zu werden. Tatsächlich wurde man sich der göttlichen Ungerechtigkeit, was die Lage in diesem Leben angeht, erst im 14. Jahrhundert richtig bewusst, als die Geistlichkeit ihren Pflichten immer weniger nachkam und der Ritterstand mehr und mehr lasterhaft lebte und „in die sieben Todsünden" verfiel. Ein lang gelehrtes Schema bekam erste Risse. Die Kirche war daran alles andere als unschuldig. Die Mitglieder des zweiten Standes verloren an Glaubwürdigkeit, hielten sie doch an ihren materiellen Gütern, die sie zum Teil auf zweifelhaftem Weg erworben hatten, fest. Anstatt sich ihrer eigentlichen Aufgabe, der Mission und Seelsorge, zu widmen, büßten sie moralisch ein, indem sie etwa das Zölibat nicht einhielten oder in Saus und Braus lebten. Eine Vorbildfunktion, sofern es diese jemals gegeben haben sollte, konnten sie nicht mehr für sich beanspruchen.

Das Städtewachstum

Mit dem Bevölkerungswachstum im 11. Jahrhundert nahm auch die Verstädterung drastisch zu. Im 12. und 13. Jahrhundert lebten in Italien etwa 40–50 Prozent der Bevölkerung in den Städten, in Frankreich waren es 30–40 Prozent, etwa so viele wie in Deutschland und England. Diese Leute fügten sich nicht mehr in den bisherigen Ständerahmen ein. Eine Schicht aus freien Menschen, Kaufleuten und Handwerkern formierte sich, eine selbstbewusste Schicht, die das bisherige System der feudalen Abhängigkeiten durchbrach.

Der Traum – eine Sünde?

„Als Seher, als Denker in Symbolen, der in einer Welt lebt, in der sich Sichtbares und Unsichtbares, Natürliches und Übernatürliches bruchlos mischen, war der mittelalterliche Mensch zum großen Träumer berufen. Doch das Christentum hat seine Traumtätigkeit streng unterdrückt. Der griechisch-römische Mensch betrachtete und deutete unablässig seine Träume, und hatte Spezialisten, gelehrte und volkstümliche Traumdeuter zur Verfügung. Vom 4. Jahrhundert an übernahm die Kirche eine neue Theorie vom Ursprung der Träume, indem sie die alte Unterscheidung zwischen wahren und falschen Träumen dadurch komplizierte, dass sie Träumen eine dreifache Quelle zuschrieb: Gott sendet fromme Träume, der Menschenleib entwickelt verdächtige Träume und vor allem der Teufel schickt unzüchtige Träume der Versuchung. Die Kirche verlangte von einem Christen, den Traum zu verdrängen, seine Bedeutung nicht erforschen zu wollen und sich damit der Sünde zu verschließen. Die Traumstraße blieb so dem Menschen des Frühmittelalters versperrt. Er wurde zu einem Traumverdränger.“ (Zit. nach: J. Le Goff: Der Mensch des Mittelalters)

Die Abgeschlossenheit der Naturalwirtschaft, in der jedes Dorf, jeder Fronhof fast alles, was zum Leben nötig war, selbst herstellte, wurde durch den Warenverkehr überwunden. Geistliche wetterten von der Kanzel gegen die „Geburt des weltlichen Geistes", doch sie konnten nicht verhindern, dass sich Menschen in Zünften und Gilden zusammenschlossen, in denen nicht die Kirche und Gottes Wort, sondern das Kapital das Sagen hatte. Sie konnten nicht verhindern, dass Kaufleute und Händler reich wurden, Banken und Börsen entstanden. Den Geistlichen stand plötzlich ein selbstbewusstes Patriziat gegenüber (die Oberschicht), das sich aus Angst um ihr Seelenheil nicht mehr unterdrücken ließ.

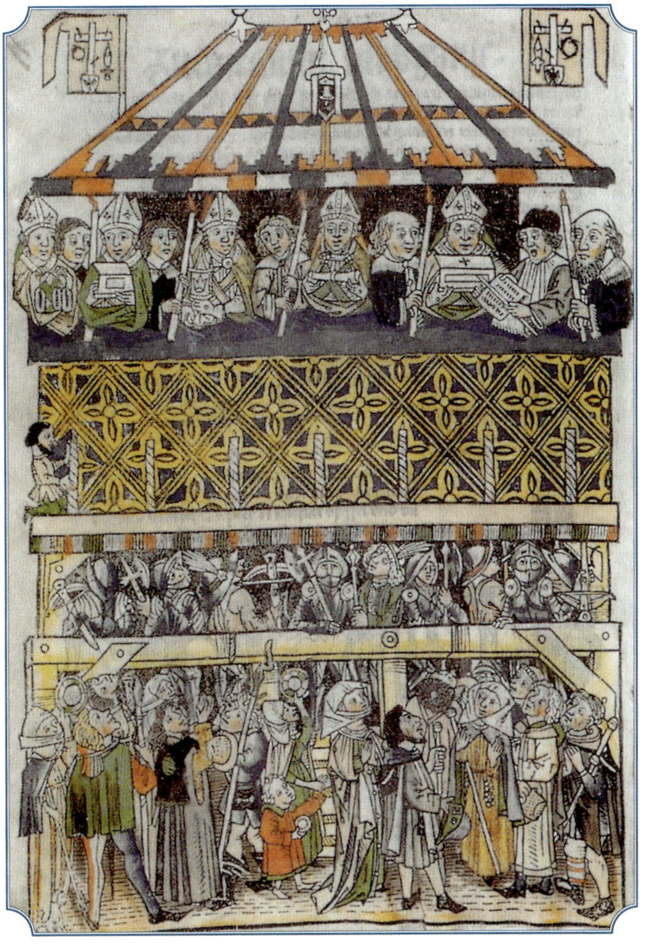

Heiltumsweisung am Schoppeschen Haus in Nürnberg. Die Präsentation der Reichskleinodien war ein wichtiger Impuls für die wirtschaftliche Blüte der Stadt.

Die von Gott gegebene Gesellschaftsordnung verlor massiv an Zustimmung. Die einzelnen Stände spalteten sich innerlich in hierarchisch geordnete Schichten. Ein Teil des einfachen Volkes geriet im Zuge dieser Entwicklung vor allem in den Städten in bittere Armut, während Kaufmannsfamilien, wie etwa die der Fugger, zu unermesslichem Reichtum kamen.

Mann, Frau, Kind: Im Schoß der Familie

Haushalte und Hausgemeinschaften

Charakteristisch für das gesamte Mittelalter waren klare Autoritäts- und Abhängigkeitsverhältnisse. Das galt auch für das Zusammenleben von Mann und Frau und die unterschiedlichen familiären Strukturen. Stets waren Frauen die Untergebenen, Männer die Wächter und Hüter der Moral. In einer von der christlichen Religion geprägten und normierten Gesellschaft, in der die Jungfräulichkeit und Keuschheit zum Ideal wurde, hatte das weibliche Geschlecht als „Verursacherin der Erbsünde“ besonders zu leiden.

Historiker teilen mittelalterliche Haushalte – der Begriff der Familie bürgerte sich erst im 17. Jahrhundert ein – in Adelshöfe, Fronhofverbände mit bäuerlichen und unterbäuerlichen Haushalten, geistliche Hausgemeinschaften, ländliche und städtische Haushaltsformen, darunter Handels- und Handwerksfamilien. Zu den nichtadeligen Familienhaushalten gehörten Ehepaare und deren Kinder sowie Lehrlinge, Handwerksgesellen und Knechte, Dienstmägde bzw. das Gesinde, aber auch unverheiratete Verwandte. Im späten Mittelalter kamen andere Formen hinzu: Gilden, Kommunen, Zünfte und Bruderschaften bestimmten das Zusammenleben und das wirtschaftliche Leben der Städte. Für das gesamte Mittelalter gilt jedoch, dass Kernfamilien, in denen zwei Generationen zusammenlebten, häufiger waren als Drei-Generationen-Familien.

Das Überleben sichern

In einer Welt, die eine Vielzahl unberechenbarer Risiken barg, war der Einzelne verloren. Deshalb war die Gemeinschaft so wichtig. Familienhaushalte auf dem Land und in der Stadt mussten sich als funktionierende Arbeitseinheiten behaupten. Denn es ging einzig und allein darum, das Überleben aller zu sichern. Ein Handwerksbetrieb oder ein Hof bildeten eine wichtige Wirtschaftseinheit, eine Produktionsstätte.

Das „Haus“ diente aber nicht nur der Existenzsicherung, sondern auch der alltäglichen gegenseitigen Hilfe und schließlich der materiellen Versorgung der Alten und Kranken. Kinder wurden, sobald sie groß genug und in der Lage dazu waren, in die Arbeit eingespannt. Für Intimität und gefühlsmäßige Bindungen war ebenso wenig Raum wie für eine eigene Privatsphäre. Das typische Haus auf dem Land hatte eine Grundfläche von ungefähr 15 Quadratmetern und bestand aus ein bis zwei, selten drei Räumen. Hier wohnten Menschen und

Ein altes Paar in der Gartenlaube (Gemälde von Arnold Böcklin) – die materielle Versorgung der Alten gehörte zu den Aufgaben des Hauses.

Tiere gemeinsam. Mehrere Personen schliefen in einem Bett, sofern es überhaupt ein solches gab und man nicht im Stroh auf dem Boden nächtigte.

Die Anzahl der Familienmitglieder schwankte. Gründe dafür waren die hohe Kindersterblichkeit und die geringe Lebenserwartung. Oft verließen die Kinder früh den Haushalt, um sich woanders als Gesinde zu verdingen oder in die Lehre zu gehen. Wenn ein Ehepartner verstarb, wurde so schnell wie möglich wieder geheiratet. Allerdings weniger aus Liebe, sondern aus wirtschaftlicher Notwendigkeit. Was heute als moderne Patchworkfamilie bezeichnet wird, gab es mehr oder weniger auch schon im Mittelalter. Doch die Motivation war eine andere: Nur so konnte das Überleben gesichert werden.

Hüter des Hauses

Wie die mittelalterliche Gesellschaft insgesamt, war auch das Haus herrschaftlich organisiert. Allein der Mann übte die rechtlich legitimierte Gewalt, die Munt (väterliche Gewalt), über die Bewohner aus. Zu diesen zählten neben Frau und Kindern auch Gesinde und Gesellen. Abgesehen von der Pflicht zum Schutz – der war angesichts einer ziemlich schwach ausgebildeten Staatsmacht von großer Bedeutung – entwickelte sich aus der Munt-Gewalt eine Vielzahl an Rechten. So beinhaltete die männliche Vormundschaft gegenüber den weiblichen Familienmitgliedern nicht nur die Absprache von Eheschließungen, sondern bei Normverstößen oder Ehebruch auch das Recht zur Züchtigung. Der Mann war der Herr im Haus und Träger des öffentlichen Lebens. Die Frauen waren ihm in der Familie als Töchter, Schwestern und

Ehefrauen untergeordnet und von allen öffentlichen Funktionen ausgeschlossen. Dass es die eine oder andere Ausnahme gegeben hat – so konnten Witwen im städtischen Leben eine gewisse Selbstständigkeit erlangen – änderte nur wenig am Gesamtbild. In der Gesetzgebung war festgeschrieben, dass Frauen auf ihrem Lebensweg immer unter der Munt eines Mannes standen. Sie waren unfähig, sich selbst vor Gericht zu vertreten und schuldeten ihrem Ehemann bedingungslosen Gehorsam.

Der Sachsenspiegel ist das erste große Rechtsdokument in Deutschland, das statt in Latein in mittelniederdeutscher Sprache verfasst wurde.

Die Blutsbande der Sippe

Zur Familie zählte im Mittelalter nicht nur der Verwandtenkreis, sondern auch die gesamte Hausgemeinschaft. Die Sippe jedoch umfasste hauptsächlich die Blutsverwandten, im weiteren Sinn auch die Angeheirateten. Im Mittelalter waren der Rückhalt und die Einheit der Familie von besonders großer Bedeutung. Denn der Frieden der Sippe stand an oberster Stelle und bedeutete Schutz nach außen. Die Blutsbande war zumindest im frühen Mittelalter ein ungeschriebenes Gesetz. Bei der Tötung eines Sippenmitglieds waren dessen Verwandten zur Rache verpflichtet. Um Mord- und Totschlag zu unterbinden, gab es auch die Möglichkeit, ein Wer- oder Manngeld, also eine Entschädigung für den Getöteten zu zahlen. Die Familien-Fehden des hohen und späten Mittelalters bezeugen das Fortleben dieser Tradition, auch wenn städtische Obrigkeiten seit dem 12. Jahrhundert bestrebt waren, Blutrache durch eine entsprechende Rechtsprechung zu ersetzen. Im „Sachsenspiegel" (ältestes Rechtsbuch des deutschen Mittelalters) des Eike von Repgow aus dem 13. Jahrhundert erfahren wir im 45. Kapitel des dritten Buches, was ein Getöteter wert war. Für die Tötung eines freien Mannes mussten in der Regel 18 Pfund (entspricht dem Wert von 18 Reitpferden) gezahlt werden.

Im Mittelalter wachten vor allem die Brüder über die Keuschheit ihrer Schwestern – eine Verhaltensweise, die auch heute noch gelegentlich in islamischen Ländern üblich ist. Bischof Gregor von Tour überlieferte uns ein Beispiel. In Le Mans lebte ein Priester, der seine Geliebte, eine Frau aus guter Familie, dazu überredete, als Mann verkleidet mit ihm in eine andere Stadt zu fliehen. „Eine lange Zeit verging, aber schließlich erfuhren ihre Verwandten, was geschehen war und beeilten sich, die Erniedrigung ihres Geschlechts zu rächen. Sie fanden den Kleriker, fesselten ihn und setzten ihn gefangen. Die Frau aber verbannten sie im Feuer." Die Ehre war der höchste aller innerweltlichen Werte. Was sittlich und moralisch war, bestimmten die Männer. Unterstützt wurden sie in ihren zum Teil archaischen Ansichten von dem Frauenbild, das die katholische Kirche predigte. Das wichtigste Rechtsbuch des hohen Mittelalters, der „Sachsenspiegel", sagt eindeutig, dass eine Frau nur halb so viel wert ist wie ein Mann; sie zu verletzen oder zu töten, kostete nur die halbe Strafe: „Jede Frau hat das halbe Wergeld und die halbe Buße wie ihr Gatte …"

Die Ketten der Ehe

Beziehungen außerhalb der Ehe waren das gesamte Mittelalter hindurch verpönt. Sie wurden als Verstoß gegen die Moral und den göttlichen Willen verdammt und wie Unzucht und Vielweiberei geahndet. Die Ehe, eine tragende Säule der Gesellschaft, diente in erster Linie der Erzeugung von Kindern und der Sicherung der Existenz. In den meisten Fällen stellten die Eltern der Heiratsfähigen die Weichen, nahmen Einfluss auf die Partnerwahl, wenn es den Geschäften oder der Landwirtschaft dienlich war. Der Verbindung gingen zum Teil zähe Verhandlungen voraus. Mit der „sponsalia", dem Eheversprechen, wurde die Übereinkunft schließlich besiegelt. Die Verlobten wurden einander vorgestellt und getreu der römischen Sitte legte der Vater die Hand seiner Tochter in die des Bräutigams: die symbolische Übergabe der Munt, der Vormundschaft, an den Zukünftigen. Das Verhältnis der mittelalterlichen Kirche zur Ehe war zwiespältig: Einerseits galt die Ehe im Vergleich zum Zölibat – einem nur Christus verpflichteten Leben – als zweite Wahl. Andererseits wurde sie als unauflösliches Sakrament (... bis dass der Tod euch scheidet) definiert und die Eheschließung wurde schon früh der kirchlichen Gerichtsbarkeit unterstellt. Die Verbindung von Mann und Frau musste sich dem Willen Gottes unterordnen und der menschlichen Fortpflanzung dienen. Damit die eheliche Verbindung nicht „zu einer Quelle unreiner Lüste" wurde, musste sie innerhalb eines Rahmens geschehen, der ihr „Lauterkeit und dauerhaften Bestand" garantierte. Die Ehe galt als Möglichkeit, die Lüsternheit zu bremsen. Dazu gehörte die aufrichtige Zustimmung beider Partner. Seit dem 12. Jahrhundert setzte sich in

Heidelberger Bilderhandschrift des „Ackermanns aus Böhmen", Auszug aus Kapitel 2; Stuttgart, um 1470

Brautsegen. Holzschnitt aus der „Schönen Melusine", 15. Jahrhundert

Westeuropa die sogenannte Konsensehe durch: Ehewillen bzw. Verlobung waren der Beginn der Ehe und eine Ehe ohne Einwilligung beider Ehepartner wurde eher zur Ausnahme. Damit gewannen vor allem junge Frauen gegenüber ihren Eltern mehr Selbstständigkeit, wenn sie z. B. einen unliebsamen Heiratspartner zurückwiesen. Denn das Konsensprinzip schloss ein, sich gegen die Ehe entscheiden zu können. Seitens der Kirche ging es vor allem darum, „religiöse Berufungen zu schützen" bzw. Eltern daran zu hindern, Kinder gegen deren Willen in den später unauflöslichen Ehestand zu nötigen.

In der Praxis musste der Klerus weiterhin gegen lokale Traditionen (z. B. Heirat unter Blutsverwandten, Brautkauf) und Formen außerehelicher Sexualität ankämpfen. Am Ende des Hochmittelalters hatte sich das kanonische Eherecht durchgesetzt, doch der grundlegende Zwiespalt zwischen Priesterzölibat und verheirateten Laien blieb bestehen.

Von Liebe keine Spur?

Auch wenn die höfische Literatur des 12. und 13. Jahrhunderts nicht müde wurde, die Liebe zwischen Mann und Frau in herrlichen Versen zu besingen, so war gegenseitige Zuneigung in vielen Fällen nicht der Beweggrund für eine Ehe. Diese sollte sich, so die Vorstellung der Kirche, als Folge der Eheschließung entwickeln.

Das Mittelalter war männlich, konstatiert der Historiker Georges Duby: „Der Ehemann war der Inhaber des Körpers seiner Frau; er hatte das Besitzrecht an ihm." In der Tat war das Geschlechterverhältnis wesentlich durch die Vorgaben eines auf antiken wie christlichen Wurzeln basierenden Weltbildes geprägt, das dem Mann gegenüber der Frau eine übergeordnete Position zuwies. Untermauert wurde dieses hierarchische Verhältnis durch entsprechende Regelungen im germanischen Recht, das Frauen nur einen geringen gesellschaftlichen Handlungsspielraum bot. Die Ehefrau war für den Haushalt, in dem sie nach der Hochzeit lebte, verantwortlich. Ihre Pflichten waren die

Kindererziehung und das Kochen, sie musste aber auch ihrem Mann bei der Arbeit auf dem Feld oder in der Werkstatt helfen. Von der tugendhaften Ehefrau wurden Keuschheit, tadellose Pflichterfüllung im Haus, Schweigen und Treue erwartet.

„Wenn auch das familiäre Leben der Frauen im Mittelalter prinzipiell kein selbstbestimmtes war", so der Historiker Robert Fossier, „so heißt das jedoch nicht, dass deshalb alle Ehefrauen ein unterdrücktes Leben führen mussten." Frauen, deren Männer ihre Macht nicht ausnutzten, konnten durchaus ein harmonisches Zusammenleben erfahren und nicht selten waren sich die Eheleute aufrichtig zugetan. Man denke nur an die ergreifende Klage des Johannes von Tepl in „Der Ackermann aus Böhmen" (1400) über den Tod seiner geliebten Frau. Von Trauer überwältigt fordert er vom Tod, als Mörder seiner Frau, Rechenschaft. Er bringt seine Anklage sehr leidenschaftlich vor: „Grimmiger Tilger aller Leute, schändlicher Ächter aller Wesen, schrecklicher Mörder aller Menschen. Ihr, Tod, Euch sei geflucht! Gott, Euer Schöpfer, hasse Euch, wachsendes Unheil hause bei Euch, Missgeschick suche gewaltig Euch heim, gänzlich geschändet seid immer! Angst, Not und Jammer verlasse Euch nicht,

Bis dass der Tod euch scheidet ...

Um die Homogenität und den Zusammenhalt der Kernfamilie war es im Mittelalter kaum besser bestellt als heute. Die Verbreitung von Infektionskrankheiten, der häufige Tod von Frauen im Kindbett, das Risiko von Männern, bei Arbeitsunfällen oder im Krieg zu Tode zu kommen, trugen dazu bei, dass die Einschränkung „bis dass der Tod euch scheidet" eine realistische Perspektive war, der sich Ehepaare durchaus stellen mussten. Nicht umsonst ist die Stiefmutter, die ihre eigenen Kinder den Kindern aus erster Ehe vorzieht, fester Bestandteil des deutschen Märchens. „Seit Mutter tot ist, haben wir keine gute Stunde mehr; die Stiefmutter schlägt uns alle Tage, und wenn wir zu ihr kommen, stößt sie uns mit den Füßen fort. Die harten Brotkrusten, die übrig bleiben, sind unsere Speise, und dem Hündlein unter dem Tisch geht's besser; dem wirft sie doch manchmal einen guten Bissen zu. Dass Gott erbarm, wenn das unsere Mutter wüsst! Komm, wir wollen miteinander in die weite Welt gehen!" (Aus: Brüderchen und Schwesterchen, Gebrüder Grimm)

wo Ihr wandert; Leid, Betrübnis und Kummer geleite Euch allenthalben; leidige Gegnerschaft, schandbare Missachtung und schmachvolle Abwendung, sie bedränge Euch gründlich an jeder statt! Himmel, Erde, Sonne, Mond, Gestirne, Meer, Gewässer, Berg, Gefilde, Tal, Aue, der Hölle Abgrund, alles was Leben und Wesen hat, sei Euch unhold, abgünstig und fluche Euch ewiglich! In Bosheit versinket, in jämmerlichem Elend verschwindet und in der unaufhebbaren schwersten Acht Gottes, sämtlicher Menschen und aller Geschöpfe bleibet alle künftige Zeit! Schamloser Bösewicht, Euer böses Gedächtnis lebe und dauere fort ohne Ende; Grauen und Furcht scheide nicht von Euch, wo Ihr wandert und wohnet! Von mir und aller Menschheit sei über Euch wahrhaft Zeter geschrien mit gerungenen Händen!"

Bild aus „Brüderchen und Schwesterchen", die vor der Stiefmutter fliehen

Ein erträgliches und auskömmliches Leben von Frauen außerhalb der Ehe war im mittelalterlichen Europa unvorstellbar. Wer ohne Ehemann und Familie lebte, war verletzlich und der Ruf schnell mit einem Makel behaftet. Alleinstehende Witwen, die nicht wieder heiraten oder ins Kloster gehen wollten, wurden oft der Prostitution oder anderer liederlicher „Vergehen" bezichtigt.

Das erfuhr auch die erst 25-jährige Christine de Pizan (1365–1430) am eigenen Leib. „Mein Gott, wie viele Belästigungen und widerliche Blicke, wie viel Häme aus dem Munde fetter betrunkener Männer musste ich mir gefallen lassen!" Sie hatte gerade ihren Ehemann Etienne de Castel, den sie entgegen allgemeiner Ehepraxis damaliger Zeit aus tiefer Zuneigung geheiratet hatte, zu Grabe tragen müssen und trauerte um ihn in einer Ballade: „Mich dünkt, hundert Jahre ist's schon her, seit mein Liebster von mir ging. Verwitwet bin ich, einsam, schwarz gekleidet. Mein Gesicht ist traurig. Ganz allein bin ich, ohne Gefährten, ohne Geleit."

„Verstümmelte Männer" ohne Seele

Die Kirche predigte immer wieder die Überlegenheit des Mannes. Verschiedene gelehrte Traditionen stellten die Frau als biologisch, moralisch und geistig minderwertig dar. „Wenn sie müde werden oder sogar sterben, so macht das nichts aus. Lasst sie im Kindbett sterben, dafür sind sie da." Diese Meinung über Frauen von Thomas von Aquin (1225–1274) war keine Seltenheit. Was das Wesen und das Aufgabenfeld des weiblichen Geschlechts betraf, knüpften Kleriker an die griechische Philosophie an. So schlich sich im Laufe der Entwicklung der ursprünglich frauenfreundlichen christlichen Lehre nach und nach Frauenfeindlichkeit ein, ein Erbe der Antike, speziell der aristotelischen Denkweise. Für Aristoteles (384–322 v. Chr.) waren Frauen einfach nur „verstümmelte Männer" ohne Seele. Die logische Konsequenz: Frauen waren Untergebene. Die alttestamentarische Basis für die mittelalterliche Gesellschaft und ihre Strukturen liefert der jahwistische Schöpfungsbericht. Mittelalterliche Theologen leiteten die Minderwertigkeit der Frau daraus ab. Das Hauptaugenmerk lag auf der Vorstellung, dass Eva aus der Rippe Adams und nicht aus seinem Kopf oder seinem Herzen geschaffen worden war. Die wenig wertvolle Rippe gebe Auskunft über die Wertigkeit der Frau als Gespielin und Dienerin des Mannes … „Da formte Gott, der Herr, den Menschen aus Erde vom Ackerboden und blies in seine Nase den Lebensatem. So wurde der Mensch zu einem lebendigen Wesen. … Dann sprach Gott, der Herr: Es ist nicht gut, dass der Mensch allein bleibt. Ich will ihm eine Hilfe machen, die ihm entspricht. … Da ließ Gott, der Herr, einen tiefen Schlaf über den Menschen fallen, sodass er einschlief, nahm eine seiner Rippen und verschloss ihre Stelle mit Fleisch. Gott, der Herr, baute aus der Rippe eine Frau und führte sie dem Menschen zu. Und der Mensch sprach: Das endlich ist Bein von meinem Bein und Fleisch von meinem Fleisch. Frau soll sie heißen, denn vom Mann ist sie genommen."

Mit der den Frauen zugeschriebenen Erbsünde – schließlich war Evas Neugier daran schuld, dass sie und Adam den Garten Eden verlassen mussten – ließ sich die Aufrechterhaltung der auf dem Grundsatz der Ungleichheit beruhenden Standesgesellschaft rechtfertigen. In der Ständelehre des Bischofs Burchard von Worms aus dem Jahre 1010 heißt es: „Wegen der Sünde des ersten Menschen ist dem Menschengeschlecht durch göttliche Fügung die Strafe der Knechtschaft auferlegt worden, sodass Gott denen, für die, wie er sieht, die Freiheit nicht passt, in großer Barmherzigkeit die Knechtschaft auferlegt."

Die im Vergleich zu männlichen Autoren ganz wenigen Schriftstellerinnen des Mittelalters haben fast ausnahmslos die Unterordnung der Frau als von Gott und Kirche gewollt akzeptiert. „Die Frau ist schwach", notierte die Prophetin und Visionärin Hildegard von Bingen im 12. Jahrhundert. „Sie sieht im Mann das, was ihr Kraft geben kann, so wie der Mond seine Leuchtkraft von der Sonne empfängt. Deshalb ist sie dem Mann untertan und muss jederzeit bereit sein, ihm zu dienen." Eine der wenigen Ausnahmen war Christine de Pizan. Sie räumte empört mit dem Vorurteil auf, die Frau sei moralisch und geistig unterlegen und entgegnete: „Wenn jemand sagt, dass wir Büchern Glauben schenken sollen, die von berühmten Männern geschrieben wurden, welche noch niemals die Unwahrheit gesagt hätten, und die gleichwohl immer nur die Schwächen der Frauen herausstellen, so sage ich darauf, dass solche Autoren niemals etwas anderes im Sinn hatten, als die Frauen zu verleumden und zu betrügen." Mit ihrem Werk „Le Livre de la Cité des Dames" („Das Buch von der Stadt der Frauen"), das für das 14. Jahrhundert erstaunlich mutig war, entwarf sie das Bild einer humanen, vernünftigen, von Frauen geprägten Welt.

Idealisierte Darstellung der Jungfrau Maria, hier von Leonardo da Vinci

Das Ideal: Jungfrau Maria

Für die Abwertung der Frau bildete Maria das idealisierte Gegenstück: Sie ist die Reine und Unbefleckte, auf die entsprechende Sehnsüchte projiziert werden können. Seit dem frühen Mittelalter und verstärkt seit dem 12. Jahrhundert wurde Maria, die Mutter und Beschützerin der Menschen, verehrt. Maria wuchs bis zum Ende des Mittelalters eine Stellung weit über allen Heiligen zu, sie rückte in unmittelbare Nähe der Trinität, wurde vielfach neben Christus thronend dargestellt. „Der Mann", so Robert Fossier, „setzte seine Hoffnungen in die Muttergottes, während die Frau ihren Trost und Schutz bei Maria Magdalena fand." Sie gehörte zu den Frauen, die Christus nachfolgten und für seinen und der Jünger Unterhalt sorgten.

Von körperlicher Entsagung

„Geschaffen ist der Mensch aus ekelerregendem Samen", hämmerte Papst Innozenz III. um 1200 seinen Mitmenschen ein, „empfangen ist er in der Geilheit des Fleisches, in der Glut der Wollust." Der Körper in seiner Geschlechtlichkeit wurde im Mittelalter verachtet, sexuelles Begehren in jeder Form unterdrückt, der Beischlaf nur zum Zweck der Fortpflanzung geduldet. „Unter den erlaubten sexuellen Praktiken", so Jacques Le Goff, „bildete sich eine Hierarchie. An der Spitze stand die Jungfräulichkeit, die, wenn sie erhalten blieb, Keuschheit genannt wurde. An zweiter Stelle stand die Keuschheit der Witwen und schließlich die eheliche Keuschheit", die sogenannte Josephsehe. Dazu legte die Kirche den Menschen die „gerechte Kopulation" auf, also nur in der Ehe. Es war die mittelalterliche Theologie, die den Körper zum Sitz der Sünde erklärte, den es auf Teufel komm raus zu martern und zu knechten galt.

Allein schon über Sexualität zu sprechen, war verpönt und eine Sünde. Die Frau wurde verteufelt, die Sexualität normiert, die Homosexualität verurteilt, dann wieder geduldet und schließlich verboten. Der Körper wurde als

Gefängnis und Gift für die Seele betrachtet, das asketische Ideal dagegen hoch geschätzt. Abweichende Praktiken, etwa Sodomie, Masturbation oder Koitus interruptus wurden verboten. Das Bußbuch des Bischofs von Worms aus dem 11. Jahrhundert verlangt für einen Ehemann, „der wie die Hunde von hinten kopuliert hat", eine Buße von zehn Tagen bei Wasser und Brot. Mit seiner Ehefrau während ihrer Monatsregel, vor einer Entbindung oder gar am Sonntag zu schlafen, brachte vergleichbare Strafen ein. Und die Frau? Die Frau sollte sich im Bett passiv verhalten, jede Art von Schwangerschaftsverhütung galt als Todsünde. Einige fromme Frauen des Spätmittelalters, wie die Nonne Christine von Retters oder die Ehefrau und Mutter Francesca von Rom, verstümmelten sich in dieser derart sexualfeindlichen Welt ihr Geschlecht, um angenehme sexuelle Empfindungen unmöglich zu machen. Andere Frauen strömten in die Klöster, um gar nicht erst in irgendwelche Versuchungen zu kommen oder gar Gefallen daran zu finden.

„Amor kämpft gegen die Keuschheit" von Pietro Perugino, 1503

Zum einen wurde die Sexualität von der Kirche streng genormt, zum anderen wurde sie unbändig ausgelebt. In den Städten gab es unzählige Freudenhäuser, in denen Männer ihren Trieben nachgehen konnten, während sie von den Ehefrauen Sitte und Anstand verlangten. Trotz all dieser Verbote waren es vor allem die Mönche und andere Würdenträger des Zölibats, die sehr gerne in eines der Freudenhäuser einkehrten. Obwohl außerehelicher Sex und Ehebruch verboten war und bestraft wurde, war dieser nicht unüblich. Allerdings wurde auch hier mit zweierlei Maß gemessen. Die Ehen in den adeligen und vornehmen Familien waren gepflastert mit außerehelichen Abenteuern. Bei den Reichen war die Polygamie üblich. Einige Herrscher, wie Karl der Große oder Friedrich II. von Staufen, hielten sich geradezu Harems, ohne deshalb besonders kritisiert zu werden. Junge Männer trieben es mit verheirateten Frauen, Lehnsherren und Bauern verführten Dienstmägde und Priester lockten Frauen vom Beichtstuhl in ihr Schlafgemach. Die Enthaltsamkeit, die die katholische Kirche so propagierte, war auf eine kleine geistliche Elite beschränkt.

Verhütung und Abtreibung

Im 5. Jahrhundert wetterte in Nordafrika der Bischof von Hippo gegen die Empfängnisverhütung: „Habt ihr uns etwa früher nicht gewarnt, so sorgsam wie nur möglich auf die Zeit nach der monatlichen Reinigung zu achten, wenn zu erwarten ist, dass die Frau empfängt, und zu dieser Zeit uns vom Verkehr zu enthalten, damit nicht eine Seele ins Fleisch gegossen werde? (…) Wo aber die Mutterschaft verhindert werde, besteht keine Ehe!“ Seine Überzeugung, wonach die Empfängnisverhütung eine Ehe nichtig macht, prägte in der Folge das Christentum. Auch Caesarius, Bischof von Arles (503–543), ermahnte in dieser Zeit die Priester seiner Provinz und anderer Bischöfe in einem Brief, dass sie die Frauen in Predigten darauf hinweisen sollten, dass die Einnahme von empfängnisverhütenden Mitteln ein bußwürdiges Vergehen sei. Beredtes Zeugnis von Empfängnisverhütung geben auch die Bußbücher wie die Merseburger Bußordnung.

„Wenn irgendeine Frau … ihren weiblichen Körper derartig verändert, dass sie keine Kinder mehr haben kann, büße sie sieben Jahre, fünf davon mit Wasser und Brot, und darüber hinaus kleide sie bei den Armen drei als weiße Engel oder manche Kleider für die Kirche und gebe viele Spenden und vermehre sie darüber hinaus noch, damit sie nicht des Totschlags angeklagt wird“, brachte Burchard von Worms ca. 500 Jahre später immerhin Verständnis für die Not armer Frauen auf, auch wenn er die Empfängnisverhütung für strafwürdig hielt: „Hast du getan, was manche Frauen zu tun pflegen, wenn sie Unzucht treiben und ihre Leibesfrucht töten wollen, nämlich mit ihren Zaubermitteln und ihren Kräutern so zu handeln, dass sie den Embryo töten oder beseitigen, oder, wenn sie nicht empfangen haben, es so einzurichten, dass sie nicht empfangen? Wenn du solches getan hast, musst du zehn Jahre lang an kirchlichen Wochentagen Buße tun … Es ist aber ein großer Unterschied, ob sie eine arme Frau ist, und solches tut, weil sie Not hat, ihre Kinder zu ernähren, oder ob sie es tut, um ein Verbrechen der Unzucht zu verbergen."

Trotz aller angekündigten Restriktionen seitens der Kirche wurde verhütet. Schon im Alten Ägypten hatte man einfache Verhütungsmethoden gekannt. Mixturen aus Krokodilkot, Harz, Samenschoten, Bienenwachs, Akazienblättern und Baumwollfäden wurden zu einer Kugel geformt und wie ein Pessar in die Vagina eingeführt.

Im Mittelalter vermischte sich Aberglaube mit altbekannten Praktiken. Das Tragen von magischen Amuletten und das Aufsagen von Zaubersprüchen gehörte zum Repertoire weiser Frauen, auch Edelsteinen wurde eine verhütende Wirkung nachgesagt: So sollte der Smaragd den männlichen Sexualtrieb hemmen. Männer, die ihre Lust dämpfen wollten, sollten sich Blätter des schwarzen und weißen Bilsenkrauts auf die Hoden legen. Körperliche Übungen und bestimmte Positionen beim Akt sollten zur Verhütung dienen. Der Frau wurde empfohlen, genau im Moment des Samenergusses schnell ihren Körper zurückzuziehen.

Eine der bekanntesten mechanischen Verhütungsmittel des Mittelalters dürfte der Keuschheitsgürtel, auch Florentiner Gürtel, Venusgurt oder italienisches Schloss genannt, sein. Ein Gürtel aus Metall, der um den Bauch gelegt wurde. Am Rücken befand sich ein Scharnier, an dem ein Eisenband zwischen den Beinen hindurch zum Bauch führte und dort mit einem Schloss verbunden war. Vermutlich wurde der Keuschheitsgürtel in der Zeit der Kreuzzüge erfunden, wenn der Ritter für mehrere Jahre in fremde Länder zog und sich der Treue seiner Ehefrau sicher sein wollte. Die früheste Darstellung eines Keuschheitsgürtels stammt aus dem Jahre 1405, den ersten Gürtel soll jedoch ein Italiener in Padua 1395 gefertigt haben.

Im Kräuterbuch des Hieronymus Bock (1498–1554) wurden die abtreibenden und verhütenden Wirkungen zahlreicher Kräuter aufgelistet. Eine besondere Erwähnung findet der Sadebaum. Mit seinen ätherischen Ölen versuchten

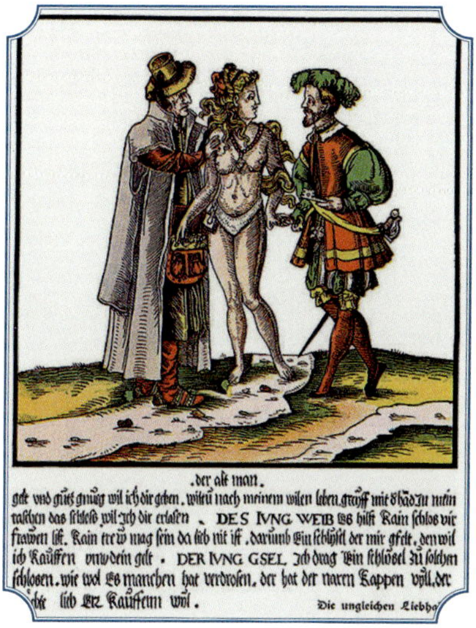

Satirische Darstellung des Keuschheitsgürtels, Deutschland 16. Jahrhundert

Frauen, eine ausgebliebene Regelblutung wieder herbeizuführen. Dies hatte jedoch häufig zur Folge, dass der Fötus abgetrieben wurde.

Hebammen, „Hexen“ oder Kräuterfrauen und Engelmacherinnen besaßen Kenntnisse über Verhütungsmethoden und führten Abtreibungen durch. Doch sie gaben ihr Wissen nur mündlich weiter. Infolgedessen verschwanden die meisten Kenntnisse über Empfängnisverhütung, musste doch jede, die ihr Wissen auch nur mündlich weitergab, mit Verrat rechnen, der ohne Umwege auf dem Scheiterhaufen enden konnte.

Interessanterweise wurde eine überführte Kindesmörderin, die sich die Ernährung ihres Kindes nicht leisten konnte, oder eine arme Frau, milder von der Kirche bestraft – eine Strafmilderung aufgrund einer sozialen Indikation. Hier lassen sich Parallelen zum § 218 StGB ziehen. Auch eine medizinische Indikation und Empfehlung zur Verhütung gab es für den Mediziner, allerdings unter den Argusaugen der Kirche.

Damit eine Frau nicht empfängt

Aus einer Handschrift aus dem Kloster St. Gallen (9. Jahrhundert): „Ebenfalls zur Auslösung der Menstruation: Koche Sade, eine Selleriewurzel, Fenchel, Liebstöckel und Petersilie in Wein und gib es zu trinken. Dazu lege Rainfarn, Fieberkraut und Beifuß in Butter auf den Nabel. Damit eine Frau nicht empfängt, entferne man einem lebenden Wiesel die Hoden und lasse das Tier wieder laufen, wickle sie in eine Eselshaut und binde diese der Frau um, so wird sie nicht schwanger.“

Sie kannten sich aus in Verhütung, Abtreibung und allerlei Liebeszauber: Weise Frauen wurden im 15. Jahrhundert oft als Hexe gebrandmarkt. (Bild: Hans Baldung Grien)

Die heimliche Liebe

Ehebruch und sexuelle Ausschweifungen waren verwerflich, Vergewaltigung stand unter Strafe. Für Männer war der einzige Ausweg aus der sexuellen Misere die käufliche Liebe. Sie war rechtlich erlaubt, aber religiös-moralisch verurteilt. „Die mittelalterliche Kirche", so Robert Fossier, „verfolgte mitnichten die Utopie, diese zu unterbinden, wie es von naiven oder ignoranten Moralaposteln in allen Jahrhunderten angestrebt wurde. Vielmehr sah sie in ihr das einzig zulässige Zugeständnis an die Tyrannei des Geschlechtstriebs: Trotz ihres offiziellen Verdammungsurteils sorgte sie sogar mit einer strengen Überwachung für deren reibungsloses Funktionieren." In Deutschland, wie in anderen europäischen Ländern, entstanden seit dem Hochmittelalter sogenannte Frauenhäuser, „muntere Burgen" oder „kleine Bordelle" genannt, meist unweit eines Gotteshauses. An heiligen Sonn- und Feiertagen blieben sie geschlossen.

An der Kleidung sollt ihr sie erkennen!

Mehrheitlich waren die Dirnen arme Bäuerinnen, die in der Stadt keine andere Arbeit fanden. Aber es gab damals wie heute Frauen, die unter falschen Versprechungen (z. B. Stelle als Hausmädchen) von Zuhältern in die Stadt gelockt wurden, um dort Prostituierte zu werden. Prostituierte waren offiziell in Zünften organisiert. Und wie das für Zünfte im Mittelalter gewöhnlich war, mussten sie eine Kleiderordnung einhalten. Zwar variierte diese von Region zu Region, aber meist spielte die Farbe Rot eine entscheidende Rolle. In vielen Städten, wie etwa in Hamburg, signalisierten die Prostituierten mit roter Mütze oder Kappe, dass sie sexuelle Dienstleistungen anboten. In anderen Städten taten sie dies mit einer gelben Armbinde. In Köln zum Beispiel wurde Prostituierten vorgeschrieben, einen roten Schleier zu tragen, in Leipzig und in Dresden einen kurzen gelben Mantel und in Augsburg einen Schleier mit einem zwei Finger breiten grünen Stoffstreifen. Die auffällige Kleidung war einerseits ein Stigma, andererseits bot sie Schutz vor Überfällen.

Eigentümer der oftmals baufälligen Stadthäuser war meist die Stadt selbst. Diese überließ die Überwachung der Frauenhäuser den Ratsknechten oder Scharfrichtern, die Frauenwirte genannt wurden. Sie hatten die Aufgabe, für die Einhaltung der Hausordnung zu sorgen. Außerdem waren sie verpflichtet, die von der Stadt auferlegten Regelungen zur Gesundheitsvorsorge und Verpflegung der Frauen einzuhalten. Viele Frauenwirte hielten sich allerdings nicht daran. Die Einnahmen aus den Bordellen gingen an die Stadt, aber auch die Kirche hielt nur allzugern die Hand auf, wenn Freier sich von ihrer Sünde freikaufen wollten.

Der Zutritt in die Frauenhäuser war Geistlichen, Verheirateten und Juden untersagt. In Ulm sah man sich 1517 veranlasst, 11- bis 14-Jährigen das Betreten des Frauenhauses zu verbieten.

Allgemeine Wertschätzung

Die Prostitution entsprach nicht der mittelalterlichen Haltung zur Sexualität und galt deshalb als sündhaft. Mittelalterliche Prostituierte lebten außerhalb der Gesellschaft und waren oft der Vergewaltigung durch Kunden, Frauenhändler, Zuhälter und Frauenwirte ausgesetzt. Es herrschte der Aberglaube, dass sie den „bösen Blick" besaßen, Unglück brachten und bestimmte

Sexuelle Gewalt

Die Dunkelziffer bei Sexualdelikten, wie etwa Vergewaltigung, wird groß gewesen sein. Viele Frauen werden aus Scham geschwiegen haben. Peter Jankrift berichtet aus dem städtischen Achtbuch: „Im Jahre 1370 wies man Bartholomäus Vogel für ewig aus der Stadt. Sollte er es wagen, sich Augsburg mehr als 20 Meilen zu nähern, erwartete ihn gleichsam einem Ketzer der Tod auf dem Scheiterhaufen. Diese Androhung der Hinrichtung und die Größe des Bannkreises gehen deutlich über das übliche Maß der im Achtbuch verzeichneten Strafen hinaus. Welche Tat hatte der Mann begangen? Bartholomäus Vogel war mit einer Frau namens Anne verheiratet, die aus der angesehenen Patrizierfamilie der Gossembrot stammte. Wir wissen nicht, wann das Paar heiratete und wie lange die Ehe dauerte. Glücklich wurde Anne jedenfalls nicht, denn ihr Mann erwies sich als äußerst gewalttätig. Nachdem sie ihm nicht zu Willen sein wollte und er den Akt nicht mit seinem Geschlechtsteil vollziehen konnte, stieß er seiner Frau einen hölzernen Zapfen in den Unterleib. Ungeheuerliche und unziemliche Dinge habe Bartholomäus Vogel an seiner Frau begangen. (…) Anne Gossembrot konnte ihr Recht nicht nur vor dem weltlichen Gericht behaupten. Die Ehe wurde von der Geistlichkeit annulliert." (Aus P. Jankrift: Henker, Huren, Handelsherren)

Lebensmittel nicht berühren durften. So mussten in Pavia neben Kriminellen und Ketzern auch Prostituierte die Stadt verlassen, wenn der neugewählte Herrschaftsträger auf die städtische Verfassung vereidigt wurde. Nach dem Meraner Stadtrecht durften um 1400 Prostituierte keine öffentlichen Tanzveranstaltungen besuchen, an denen ehrbare Frauen teilnahmen.

Ein städtisches Freudenhaus, von William Hogarth aus dem 17. Jahrhundert

Trotzdem genossen Prostituierte in gewissen Bereichen des alltäglichen Lebens der mittelalterlichen Gesellschaft durchaus auch Wertschätzung. In Wien war es üblich, dass sie an offiziellen Empfängen hoher Gäste teilnahmen, sogar bei Hochzeiten tanzten sie oft vor und überbrachten ihre Glückwünsche. Bei Kinderlosigkeit sollte die Begegnung mit einer Prostituierten Fruchtbarkeit bringen und in Italien sollte ein schweres Leiden heilbar sein, wenn man heimlich drei Steine aus dem Hauseingang einer Prostituierten ausgrub und sie auf die Brust des Kranken legte. Im Leipziger Fastnachtsbrauch, bei dem es darum ging, den Tod auszutreiben, vertraten die Prostituierten das Motiv des Glücks und der Lebensfreude. Fahrende Prostituierte waren überwiegend auf dem Lande unterwegs, wo sie ihre Dienstleistungen am Rand von Handelsstraßen, auf Festen und Märkten anboten.

Immer wieder war es Ziel der Dirnen, ihr Gewerbe in allen Stadtteilen ausüben zu können. Im Jahre 1455 wurde in Köln eine Kommission ernannt, die einzelne Straßen für die „gemeyn frauwen" bestimmte. Über eine Beschwerde der philosophischen Fakultät der Universität Köln wurden 1486 die Dirnen aus der Schmier- und der Marzellenstraße vertrieben, weil die Meister der Sieben Freien Künste sich bei Tag und Nacht durch das „sündhafte, unehrliche und schändliche Treiben der Dirnen" in Lehre und Studium gestört fühlten.

Die Frauenhäuser verloren ebenso wie die Bäder im ausgehenden 15. Jahrhundert wegen der Syphilis, die sich mit verheerenden Folgen rasch ausbreitete, an Anziehungskraft.

Kindsein im Mittelalter

Schwangerschaft, Geburt und erste Lebensjahre

In unserer modernen Welt wird Kindern ein zentraler Platz eingeräumt. Manchmal werden sie geradezu vergöttert. Diese ergebene Haltung dem Kind gegenüber ist relativ neu. Bis ins frühe 20. Jahrhundert wehte ihm ein sehr viel rauerer Wind entgegen, denn der Nachwuchs war wirtschaftlichen und gesellschaftlichen Zwängen unterworfen und musste auf den Kampf ums Überleben vorbereitet werden. Im Mittelalter war das Kind nicht „König“, das heißt aber nicht, dass es ohne liebevolle Zuwendung, Fürsorge und Aufmerksamkeit aufgezogen wurde.

Kindheit wurde im Mittelalter als eigener Lebensabschnitt wahrgenommen und von den Gelehrten in drei Phasen eingeteilt: die „infantia“, die sprachlose Zeit zwischen der Geburt und dem siebten Lebensjahr, die „pueritia“, die Phase bis zum 14. Lebensjahr bei Jungen bzw. bis zum 12. bei Mädchen und die „adolescentia“, die mit 21 Jahren endende Phase des Heranwachsens. Während im frühen Mittelalter das Interesse für das Kind noch recht schwach ausgebildet war, rückte es mit einer Vielzahl von Berichten über das Leben des Jesuskindes und seiner Mutter Maria seit dem 13. Jahrhundert immer mehr in den Fokus. Im 6. Jahrhundert hatte Augustinus in seiner „De civitate Dei“ das Kindsein noch als Strafe betrachtet: „Wer würde nicht zutiefst erschrecken und lieber zu sterben wählen, wenn er sich entscheiden müsste, entweder den Tod auf sich zu nehmen oder wieder in die Kindheit zurückzukehren?“ Kinder, so Augustinus, sollten mit aller Härte behandelt werden und – sollten sie ungetauft sterben – in die Hölle kommen. Im Spätmittelalter, in einer Zeit, in der der einzelne Mensch eine wichtige Rolle in der Gesellschaft spielte, kam dann jedoch eine gewisse Emotionalisierung der familiären Beziehungen auf.

Wenn ein Kind starb – durchschnittlich überlebten 200–300 von 1000 Kindern nicht das erste Lebensjahr –, war die Trauer groß, manchmal so groß, dass Pfarrer den Eltern vorwarfen, sie ließen es an Frömmigkeit fehlen. Mittelalterliche Theologen forderten Eltern auf, Geburt und Tod ihrer Kinder mit Fassung zu tragen: „Der Herr gibt, und der Herr nimmt.“ Es sei für die Kinder keine Strafe Gottes, wenn sie von den Leiden im irdischen Jammertal erlöst würden. Über die Ungläubigen, die um ihr verstorbenes Kind trauerten,

Maria mit dem Jesuskind, gemalt von Hans Holbein dem Jüngeren. Die Kindheit war im Mittelalter eng mit dem Marienkult verknüpft.

schrieb Humbert von Romans: „Sie sind sehr unglücklich, wenn ihnen liebe Menschen sterben. Und zwar deshalb, weil sie nicht glauben, dass es ein Leben nach dem Tod gibt. Ein gläubiger Mensch sollte sich nicht so verhalten." Und für John Wyclif war es eine Sünde, sich nicht in Gottes Willen zu fügen. Gegen trauernde Mütter richtete er schwere Vorwürfe: „Sieh an die Verrücktheit dieses dumpfen Klagens. Es ist eine große Gnade Gottes, ein Kind von dieser Welt zu nehmen." Hätten Eltern im Mittelalter den Tod ihrer Kinder mit dem Gleichmut hingenommen, den man von ihnen forderte, hätte es solche Ermahnungen von geistlicher Seite wohl kaum gegeben.

Ein Geschenk Gottes

Nie vergaß die Kirche zu betonen, dass Kinder Geschenke Gottes seien. Es galt viele Nachkommen zu zeugen und aufzuziehen, dies hieß also „zahlreiche lebendige Symbole für den Ruhm Gottes" in die Welt zu setzen. Kinder hatten aber auch eine praktische Bedeutung: Sie waren ein Glied in der Arbeitswelt, ein Instrument der Herrschaft und ein kostbares „Familiengut". Deshalb – und auch wegen mangelnder Kenntnis über Empfängnisverhütung – ist es nicht verwunderlich, wenn eine verheiratete Frau in ihrem Leben zwischen 10 und 15 Schwangerschaften erlebte – im Durchschnitt alle 18 Monate. Die Kindersterblichkeit eingerechnet, ergeben sich daraus schätzungsweise fünf bis sieben überlebende Kinder. Während der Schwangerschaft gab es keine medizinischen Vorsorgeuntersuchungen. Besonders Frauen der arbeitenden Landbevölkerung erlitten häufig Fehlgeburten, weil sie sich bei der Arbeit überanstrengten oder zu schwere Lasten trugen. Und nicht wenige Frauen starben bei der Geburt oder kurz danach an Kindbettfieber. Verlief die Schwangerschaft unglücklich oder kam es zu einer Fehlgeburt, war im Bewusstsein der Menschen stets die Frau verantwortlich. Das galt auch für Kinderlosigkeit, sogar dann, wenn klar ersichtlich war, dass der Grund dafür eindeutig beim Mann lag.

Aus Gerichtsunterlagen ist bekannt, dass auf dem Land, aber auch in den Städten, der Schwangerschaftsabbruch an der Tagesordnung war. Nicht nur Dienstmägde, die von ihren Herren geschwängert worden waren, griffen darauf zurück, auch vergewaltigte Frauen und rechtmäßig getraute Ehepaare. Abtreibungen wurden heimlich vorgenommen, denn die Kirche wachte darüber, dass ungeborenes Leben geachtet wurde.

Im 14. Jahrhundert räumte schließlich der Prediger Bernhard von Siena ein, dass der Fötus „bis zum vierzigsten Tag seines Lebens vernichtet werden dürfe, natürlich nur, wenn Buße getan werde und wegen ernsthafter gesundheitlicher Gefahren oder materieller Nöte". Arme Frauen, vor allem unverheiratete, wussten keinen anderen Ausweg und sahen sich gezwungen, den Säugling einfach auszusetzen. Taten sie dies vor Kirchen, konnten sie zumindest sicher sein, dass sich mildtätige Christen um die Säuglinge kümmerten und diese umgehend in Findel- und Waisenhäusern unterbrachten.

Babyklappe im Spätmittelalter. Drehzylinder für die Abgabe beim Ospedale degli Innocenti in Florenz

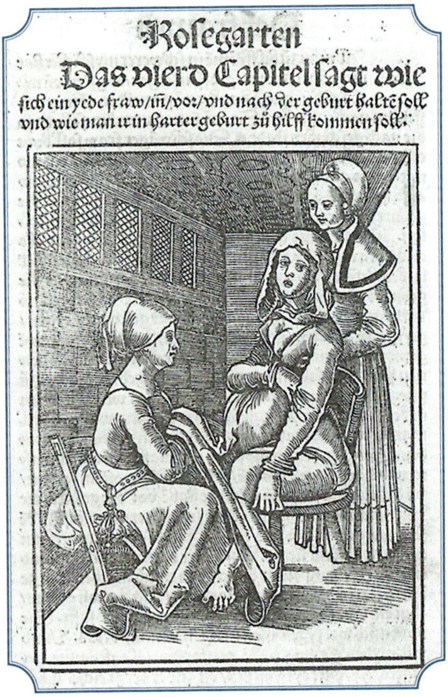

Gebärende und Hebamme. Darstellung aus dem 16. Jahrhundert (aus Eucharius Rösslins)

Das Kind ist da!

Unter den damaligen hygienischen Bedingungen barg jede Geburt für Mutter und Kind ein tödliches Risiko. Setzten die Wehen ein, wusste die Hebamme, was zu tun war. Doch sobald Komplikationen auftraten, standen ihr nur wenige Mittel zur Verfügung. Manchmal gelang es ihr, das Kind in die normale Geburtslage zu bringen, aber sie ging dabei das Risiko ein, die Position des Säuglings noch zusätzlich zu verschlechtern und ihn zu verletzen. Im Falle eines manuellen Eingriffs waren Blutungsgefahr und Infektionsrisiko für die Mutter sehr hoch, vor allem dann, wenn ein Haken benutzt wurde, um das tote Kind herauszuholen. Kaiserschnitte zur Rettung des Ungeborenen, zumindest solange die Mutter noch lebte, waren nicht bekannt. In Anbetracht der hohen Sterblichkeitsziffer und der begrenzten medizinischen Mittel verwundert es nicht, dass quer durch alle Stände gebärende Frauen, Hebammen, Ehemänner und Verwandte vor der Geburt Gott um Hilfe baten. Sie beteten und legten das Gelübde ab, zum Schrein einer oder eines Heiligen zu pilgern. Auch der Glaube an die Wirksamkeit von Zaubermitteln und Beschwörungsformeln wie „O Kind, ob lebend oder tot, komm heraus, denn Christus ruft dich ans Licht!" waren weitverbreitet. Schied ein Kind ohne vorherige Taufe aus dem Leben, stellte dies ein besonderes Problem dar, denn es würde, so der heilige Augustinus, „in der Hölle schmoren". Deshalb durften auch Laien, wenn das Leben des Kindes in Gefahr war, einspringen und die Taufe vollziehen.

Die ersten Lebensjahre

Zu einem vollwertigen Mitglied der Gesellschaft wurden Mädchen oder Jungen erst nach zwei traditionellen Übergangsriten. Unmittelbar nach der Geburt wurden sie vor den Augen aller Anwesenden gebadet, zum einen aus hygienischen Gründen, um Geburtsspuren zu beseitigen, zum anderen hatte die

Berührung mit dem Wasser eine durchaus spirituelle Bedeutung. Der zweite Ritus war die Taufe – der Eintritt in die Welt der Christen. Die Mutter selbst galt erst nach ihrem ersten Kirchgang, bei dem sie Gott für alles dankte und von jeglicher Befleckung gereinigt wurde, wieder als Vollmitglied der Gemeinde.

Taufe eines Kindes (hier die Taufe von Sigibert III., Nationalbibliothek Frankreich)

Die Säuglinge wurden gestillt, alles andere hätte für die Mutter einen ungleich höheren Aufwand bedeutet. Wer es sich leisten konnte, unterband den Milchzufluss und gab den Säugling in die Obhut einer Amme. Vor allem adelige Frauen taten dies. Ansonsten gehen Historiker angesichts der Quellenlage davon aus, dass das Abstillen spät erfolgte, frühestens nach 18 Monaten. Das Stillen war ein Symbol mütterlicher Fürsorge. Bauersfrauen, so Shulamith Shahar, „stillten ihre Kinder selbst, mit Ausnahme derer, die bei wohlhabenden Leuten Ammen waren. Selbst die unehelich geborene Brune Pourcel aus dem Dorf Mantaillou in den Pyrenäen gab nur sehr ungern dem Drängen ihrer Nachbarin nach, ihr Kind von einer Frau stillen zu lassen, die bei der

Fatschenkinder

Um arbeitende Mütter von der Aufsicht ihrer Kleinstkinder zu entbinden und das Kind vor Selbstverletzungen zu schützen, wurden Säuglinge für viele Stunden am Tag zur Bewegungsunfähigkeit verurteilt. Sie wurden wie kleine Mumien in fest verschnürte Fatschen (Bänder) gewickelt, nur der Kopf schaute noch heraus. Die mittelalterlichen Gelehrten empfahlen diese Wickelmethode mit der Begründung, nur so würden die Glieder gerade wachsen und Verrenkungen verhindert. In der Praxis jedoch führte diese Art des Wickelns zu häufigen Entzündungen und zu Wundsein.

Die Amme Ludwigs XIV. mit dem in Fatschen gewickelten Säugling

Nachbarin zu Besuch war und zuviel Milch hatte, denn sie befürchtete, die Milch der fremden Frau könne ihrem Kind schaden." Überhaupt war die Befürchtung groß, dass Kinder in den ersten Jahren an einer Krankheit starben. Pocken, Röteln, Scharlach, Keuchhusten oder Magen- und Darminfektionen rafften einen beachtlichen Teil der Kleinkinder dahin.

Im Kreis der Familie

In der damaligen Welt wuchsen die Kinder ganz automatisch in die Lebens- und Arbeitswelt ihrer Eltern hinein. Die Erbberechtigten übernahmen später eine Burg, den Bauernhof, die Werkstätte, den Laden. Kinderarbeit war im Mittelalter selbstverständlich. Mit dem Ende der „infantia", also mit Beginn des siebten Lebensjahres, sollte ein Kind in der Lage sein, für sich selbst zu sorgen. Die Erziehung war meist streng. Eine zu intensive Zuwendung wurde von den Kirchenkanzeln herab als schädlich kritisiert, das galt allerdings auch für zu grobe Bestrafung.

Bis zum siebten Lebensjahr ließen Eltern ihren Kindern sehr viel Freiraum, sie durften mit Gleichaltrigen spielen. In „L'Epinette amoureuse" des Chronisten Jean Froissart werden 51 Kinderspiele aufgelistet, vor allem für Jungen. „Aus Erde, Wasser, dünnen Holzscheiten und Stoff bauten sie Dämme, Boote, Mühlen und Öfen. Eine Muschel wurde zum Sieb, zwei Stöcke dienten als Egge, ein Stock war gut für ein Steckenpferd und mit zwei Holzklötzen ließ sich schon ein Zweikampf veranstalten." Kleinere Kinder vergnügten sich mit Rasseln, Schaukelpferden, Bauklötzen, Knochen, Bällen, Puppen, Kreiseln, Wippen, Marionetten, Tonvögeln und Trommeln. Manchmal, so berichtet Arnold Esch, hatte das Spielen auch schlimme Folgen: „Da erzählt ein Norddeutscher, wie er in seiner Kindheit, noch nicht sieben Jahre alt, einmal mit gleichaltrigen Jungen in einer Mühle spielte, die mit Pferden betrieben wurde. Da geschah es, dass ein Junge, der mit ihm spielte und sich auf den Mühlstein gesetzt hatte, durch die heftige Drehung des Mühlsteins herab- und gegen andere Hölzer geschleudert wurde und starb."

Töchter und Söhne

Als die Kinder älter wurden, übernahm der Vater größtenteils die Erziehung der Söhne, während der Mutter der Tochter lehrte, eine rechtschaffende Frau zu werden. Die kommende Generation wuchs so in ihre Geschlechterrolle und in ihre geschlechtsspezifische Arbeitsteilung hinein, wobei Töchter stärker an Haus und Familie gebunden waren und Söhne sich nach außen orientierten. „Auch bei gleicher Liebe", so Robert Fossier, „kamen den Eltern unterschiedliche Rollen zu: Der Vater war für das Seelenheil und die Achtung vor der Autorität, insbesondere vor der des Allmächtigen zuständig. Dagegen wachte die Mutter über das leibliche Wohl und gab dem Kind das Rüstzeug fürs Leben mit."

Das oberste Erziehungsziel war die Verankerung des christlichen Glaubens. Der christlich erzogene Mensch hielt sich an die Zehn Gebote, ging zur Kirche, empfing die Sakramente, betete und fastete. Er durfte keine der sieben Todsünden begehen. Glaube, Liebe, Hoffnung, Nächstenliebe, Vernunft, Mäßigung und Seelenstärke wurden von ihm gefordert. Ein guter Christ fluchte nicht, verleumdete niemanden, ließ sich nicht auf Streitigkeiten ein und spendete für die Kirche und die Armen. Zu Bescheidenheit und Keuschheit sollten die Kinder erzogen werden. Letzteres galt vor allem für die Mädchen. Sobald das Kleinkind alle Krankheitsrisiken überstanden hatte, war es mit häuslichen Pflichten, mit der Feldarbeit oder auch militärischen Aufgaben

Kindervergnügen im Mittelalter

Nähendes Mädchen, ein Gemälde des Malers William-Adolphe Bouguereau

und Rittertum in Berührung gekommen. Das Kleinkind wurde zu einem „puer“ oder einer „puella“ (Mädchen). Das eigentliche Leben begann mit mindestens acht bzw. höchstens zwölf Jahren. Es gab allerdings deutliche Unterschiede der Lebensweisen zwischen Bauern- und Stadtkindern und Adeligen.

Bauernkinder

Der Schulbesuch war nicht für alle erschwinglich. Die wenigen Bauernkinder, die lesen und schreiben lernten, wurden meist vom Dorfpfarrer unterrichtet, denn Schulgeld zu zahlen und das für eine ganze Kinderschar, konnten sich die Eltern nicht leisten. Mädchen profitierten grundsätzlich nicht von der Bildung. Sie und ihre Geschwister mussten schon früh den Erwachsenen bei der Arbeit helfen. Schon die Kleinsten halfen beim Sammeln von Feuerholz oder Beeren und beim Hüten des Viehs. Wie selbstverständlich wuchsen sie in diese Aufgaben hinein. Zwar wurden Kindern gewöhnlich nur Aufgaben zugewiesen, die ihrem Alter gemäß waren, manchmal, so Shulamith Shahar, wurden sie jedoch auch überfordert: „Ein zehnjähriger Junge sollte für seinen Vater Holz holen, er stieg die Leiter zur Tenne hoch, lud sich eine Ladung Heu auf die Schultern, verlor das Gleichgewicht und fiel mit der Leiter und dem Heu zu Boden.“

Anfangs ähnelten sich die Aufgaben, doch im Laufe der Entwicklung lernten Mädchen spinnen, weben und kochen, die Jungen pflügen, mauern und ernten. Zu den weiblichen Pflichten gehörte es, das Haus in Ordnung zu halten, Wasser zu holen und Feuer zu machen. Aber auch auf dem Feld halfen sie mit. Mit 14 Jahren waren Bauernjungen ausgelernte Feldarbeiter und Mädchen konnten einen Haushalt führen, Vieh hüten, fischen und vieles mehr. Obwohl Jungen mit 14 Jahren ausgelernte Arbeitskräfte waren, waren sie nach dem Gewohnheitsrecht aber noch nicht mündig. In vielen Gegenden geschah dies erst mit 20 oder 21 Jahren. Die Mädchen wurden meistens schon mit 13 oder 14 Jahren als mündig erklärt.

Stadtkinder

Jeder Stand – Adel, wohlhabendes Bürgertum, Handwerker – hatte seine eigenen Erziehungsprinzipien. Die Kinder der Reichen erhielten Privatunterricht, diejenigen, die auf ein religiöses Leben vorbereitet werden sollten, gingen auf die Klosterschule. Die meisten Kinder wohlhabender Bürger – Jungen und Mädchen gemeinsam – wurden in den Grundschulen der Städte unterrichtet und gingen später auf die Handelsschule, um Buchführung und Geschäftskorrespondenz zu erlernen. Mit Beginn der Lehrzeit verließen die Jugendlichen meist ihr Elternhaus. Jetzt war allein der Lehrherr für ihre Erziehung verantwortlich. Er bildete sie gründlich in ihrem künftigen Beruf aus und bestärkte sie in ihrem Standesbewusstsein.

Überlieferte Lehrverträge aus dem 14. und 15. Jahrhundert geben uns Auskunft darüber, wie der Handwerker seine Lehrlinge behandeln sollte und welche Anforderungen an die Jungen gestellt wurden. Der Lehrherr sollte seinem Zögling Meister und Vater zugleich sein, ihn sein Gewerbe lehren, ihn erziehen, ihm Kost und Logis gewähren, für seine Kleidung und sein leibliches Wohl sorgen. Arzneimittel und Arzt, der im Falle einer Krankheit gerufen werden musste, waren von den Eltern des Lehrlings zu erstatten. Lohn bekamen die Lehrlinge in der Regel nicht, manchmal ein Taschengeld. Wollte ein Handwerker einem Lehrling Lohn zahlen, musste er die Zunft um Erlaubnis bitten, sonst wurde er verklagt. Der Lehrling musste für seinen Meister auch Dienste im Haushalt verrichten oder Besorgungen erledigen. Im Gegenzug durfte sein Meister, aber nicht dessen Ehefrau, ihn züchtigen, wenn er seine Aufgaben nicht zufriedenstellend ausführte.

Der ideale Ritter war ein mutiger Kämpfer (Schlacht von Roche-Derrien 1347, von Jean Froissart).

Auch einige Töchter aus gutem Bürgerhause durften die gemischte Grundschule besuchen, andere wurden zur Erziehung in ein Kloster geschickt oder zu Hause unterrichtet. Die höheren Schulen blieben ihnen verschlossen. Zu Hause wurden sie von ihren Müttern darin unterwiesen, wie man einen Haushalt führt, webt, näht, kocht und putzt. Nicht alle Kinder von Ladenbesitzern und kleinen Handwerkern durften die Schule besuchen, und wenn, dann meist nur zwei Jahre, bevor sie mit einer Lehre begannen. Noch schlechter erging es den Kindern von ungelernten Lohnarbeitern. Sie mussten schon früh als Tagelöhner oder Dienstmädchen arbeiten, um ihren eigenen Lebensunterhalt zu verdienen.

Der ideale Ritter

„Der ideale Ritter war ein fähiger und mutiger Krieger, seinem Herrn treu ergeben und großherzig. Im Verhalten zu seinen Waffenbrüdern und zum besiegten Feind ließ er sich von seinem ausgeprägten Ehrgefühl leiten. Dem kirchlichen Ideal zufolge war er gerecht und wahrhaftig, bescheiden und warmherzig und setzte sich für die Belange der Schwachen und Hilflosen ein. Darüber hinaus musste er den christlichen Glauben verteidigen sowie allzeit bereit sein, gegen Ungläubige, Ketzer und andere Feinde ins Feld zu ziehen." (Zit. nach: Shulamith Shahar)

Adelige Jungen und Mädchen

Schon im jungen Alter von sieben Jahren wurden adelige Jungen von ihren Müttern getrennt und zur weiteren Ausbildung an den Hof anderer adeliger Familien geschickt. Nur der älteste Sohn blieb zu Hause.

Zur Ausbildung eines Ritters gehörte keine fundierte Schulbildung. Vielmehr ging es darum, den Pagen in das Ethos des Rittertums einzuführen und ihn in alle Disziplinen des Rittertums einzuweisen. Mit zwölf Jahren begann die Ausbildung zum Waffendienst. Dazu gehörten Reitunterricht – die Jungen mussten lernen, bewaffnet zu reiten –, das Zielen auf eine Zielscheibe, Fechten, Ringen und Bogenschießen. Als 15-Jährige hatten sie ihre Ausbildung beendet und wurden Knappen der Ritter. Bereits in diesem Alter nahmen sie an Schlachten teil. Durch ihre Teilnahme am Leben der Ritter wurden sie mit den ritterlichen Tugenden vertraut gemacht.

Es wurden auch Mädchen zur weiteren Erziehung in einen fremden Haushalt geschickt, aber dies geschah eher selten. Meist wurden die Töchter des Adels schon im Kindesalter verlobt. Ein berühmtes Beispiel ist die heilige Elisabeth von Thüringen, die bereits mit vier Jahren mit dem Landgrafen von Thüringen verlobt und auf die Wartburg gebracht wurde. Töchter, die zu Hause blieben, wurden von einem Privatlehrer unterrichtet und auf ihr späteres Leben als Ehefrau vorbereitet. Sie lernten, sich schicklich zu verhalten – schließlich mussten sie sich in der Welt des Adels bewegen können – und sich in ihren Mußestunden die Zeit zu vertreiben.

Die große Frömmigkeit

Kirche und Gesellschaft

Der Mensch im Mittelalter war Missernten, Seuchen, Hungersnöten und Krankheiten hilflos ausgeliefert. Der Tod war allgegenwärtig. Wenn das jenseitige Leben verlockender erscheint als das diesseitige, verwundert es nicht, dass die Gottesbeziehung im Alltag präsenter und intensiver erlebt wird. Die zentrale Lebensauffassung des mittelalterlichen Menschen war der Glaube an Gott, an einen Gott, der in das Geschehen der Welt eingreift. Das katholische Christentum war die dominante Glaubensform Westeuropas. Am Ende des Mittelalters war das Papsttum jedoch zu einer machtvollen, menschenfeindlichen Institution gewachsen. Immer mehr Laien zweifelten die Dogmatik des Gottesbildes an und näherten sich anderen Glaubensformen.

Im Gegensatz zu antiken Religionsformen, die niemals verbindliche Dogmen entwickelten, nahm das Christentum für sich in Anspruch, die einzig wahre Lehre zu verkünden. Die katholische Kirche gab sich nicht damit zufrieden, eine unter vielen gesellschaftlichen Kräften zu sein, sie wollte die Menschen in ihrer Ganzheit erfassen. Ein von der Institution befreiter Glaube wurde nicht geduldet und jedes religiöse Streben bedurfte kirchlicher Absegnung. Priester waren berufsmäßige Mittler zwischen Gott und den Menschen. Nur wer ihre Fürbitte in Anspruch nahm, konnte göttliches Heil erlangen. Das heidnische Rom hatte zwar von seinen Bürgern die Respektierung des Kaiserkultes als politisches Bekenntnis verlangt, ihnen aber sonst Religionsfreiheit gelassen. Das Christentum verordnete jedoch schon in frühen Jahren die eigenen Vorstellungen gesetzlich und den Menschen von oben herab. Die Germanen und Slawen, die bis dahin die spirituelle Kraft von Bäumen, Quellen und Steinen bezogen, empfingen die christliche Religion nicht freiwillig. Die Masse der Bevölkerung verließ ihren alten Glauben nicht aus persönlicher Überzeugung, sondern entweder unter dem sozialen Druck durch die Herrschenden oder aufgrund erlassener Gesetze. Das bekannteste Beispiel ist die karolingische Sachsenmission, die nur erfolgreich war, weil Karl der Große den Verbleib bei dem alten Stammesglauben mit dem Tode bestrafte. Nicht zu vergessen sind die Kreuzzüge der christlichen Völker gegen die muslimischen Staaten.

Die allgemeine Einführung der Todesstrafe für Ketzer durch das Statut Papst Gregors IX. von 1231 war ein weiterer Meilenstein der praktischen Verwirklichung eines religiös vereinheitlichten Europas. Trotzdem konnte es nicht verhindern, dass sich die Zahl der Abweichler, der Häretiker, mehrte, die

ihre Seligkeit nicht mehr nach den amtskirchlichen Vorgaben erlangen wollten. Die Antwort der Kirche war die Inquisition. Wer die Autorität der katholischen Kirche missachtete, sollte fortan, da er die Einheit des Staates gefährdete, genauso verfolgt werden, wie die Christen unter den Kaisern des 1. Jahrhunderts. Ein Glaubenswechsel konnte im Mittelalter also tödliche Konsequenzen haben.

Die Eroberung Jerusalems 1099. Darstellung um 1200 in England begonnen, im 14. Jahrhundert in Spanien fertiggestellt

Leben mit Heiligen und Wundern

Die Heiligen, deren Aufgabe es war, zwischen den Gläubigen und Christus zu vermitteln, spielten im frommen Alltag eine wesentlich größere Rolle als Gott oder Jesus selbst. Die großen Pestepidemien und die weitverbreitete Angst, die Welt könne untergehen, veranlassten die verunsicherten Menschen, die Heiligen um Beistand zu bitten. Bei Krankheits- und Unglücksfällen wandte man sich meist an den örtlichen Heiligen, dessen Reliquien in der nächstgelegenen Kirche verehrt wurden. Im späten Mittelalter gab es zahlreiche spezialisierte Heilige, z. B. Apollonia bei Zahnweh, Blasius bei Halserkrankungen, Rochus gegen die Pest. Den Ruhm der Wundertäter verbreiteten die Heiligenviten. Daneben existierten städtische und ständische Patrone, wie Georg der Ritterheilige, sowie Schutzherren und Schutzfrauen für bestimmte Berufe: Medardus für Winzer, Knut für Kaufleute, Magdalena für Prostituierte. Auch die 11 000 Jungfrauen der heiligen Ursula, die bei Köln den Märtyrertod gefunden hatten, gehörten dazu. Die Überreste der Heiligen, die Reliquien – meist

Teile der Knochen – wurden verehrt und bildeten die Grundlage für Wallfahrten.

Wunder, so glaubte der mittelalterliche Mensch, wurden von Heiligen vollbracht. „Wohl der weitaus größte Teil aller je verzeichneten Wunder von Heiligen“, so Peter Dinzelbacher, „betrifft die Heilung von einer Krankheit. Dazu kommen Errettung aus Todesgefahr, Schutz vor Verwundung, Hilfe gegen feindliche Angriffe usw. Andere Wunder-Typen waren die Beherrschung der Natur, z. B. häufig das mit trockener Kleidung durchs Wasser schreiten, das Erzwingen der Hilfe von Tieren u. Ä. Als Wunder wurden aber, immer häufiger seit dem 12. Jahrhundert, auch innere Gnadengaben wie Visionen und Erscheinungen, Erleuchtungen und mystische Verzückungen verstanden.“

Jan Hus auf dem Scheiterhaufen, Spiezer Chronik (1485)

Die Inquisition

Auf immer wird das Schreckgespenst Inquisition verbunden sein mit Folter, Tod und Scheiterhaufen. Zu Beginn richtete sich die von Papst Innozenz III. eingeführte Inquisition gegen renitente Geistliche. Erst Mitte des 12. Jahrhunderts wurde die Befragung auch gegen vermeintliche Ketzer eingesetzt. Im Ketzerprozess wurden die Verteidigungsmöglichkeiten des Beschuldigten mehr und mehr eingeschränkt, und damit wurde er zu einem erfolgreichen Mittel, um gegen die Katharer und Waldenser vorzugehen. Als Inquisitoren machten sich vor allem Dominikaner einen Ruf. Am Ende des Mittelalters war die Inquisition ein Instrument des Terrors geworden, der viele Menschen zum Opfer fielen.

Martyrium der Ursula und ihrer Gefährtinnen in einem siebenbürgischen Gemälde aus dem 16. Jahrhundert

Von Dämonen und anderen Wesen

Menschen neigen dazu, Unheil oder Missgeschicke einem Dämon zuzuschreiben, der von Gott die Erlaubnis bekommen hat, sie zu besuchen. Der böse Geist, so dachte man, nehme am liebsten die Gestalt eines Tieres an: Schlangen, Kröten, Drachen, Katzen und Mischwesen. Und allgegenwärtig war Satan, der Teufel, der gefallene Engel, der böse Gegenspieler Gottes. Er war für die Kirche eine geeignete Personifizierung, die das Verderben in der Welt erklärte. Die mittelalterliche Kirche bediente sich seiner fleißig, um mit seinen Schrecken ihre Schäfchen umso schutzbedürftiger zu machen und auch, um Missliebige unter dem Vorwurf der Teufelszugehörigkeit zu eliminieren.

Wer an Satan glaubte, war auch für andere Formen des Aberglaubens empfänglich. Der mittelalterliche Mensch, der sehr viel stärker als wir heute in die Natur eingebunden war, vermutete in den Wäldern nicht nur Riesen, sondern auch Elfen, die keltischen Ursprungs sind. Ein anderes zwiespältiges Wesen war Holda, auch Percht genannt, welche die Hausarbeit

Der Herr der Hölle

In der Hölle steht der Teufel, auch Satan oder Beelzebub genannt, in der Hierarchie ganz oben. Die christliche Religion sieht in ihm den Widerpart Gottes: So wie Gott im Himmel hierarchisch über den Engeln steht, so gebietet der Teufel nach seinem Sturz in die Unterwelt über die höllischen Heerscharen. Er vollstreckt das göttliche Urteil, wenn Sünder nicht büßen und zur Strafe in die Hölle verdammt werden. Auf der Erde findet er fruchtbaren Nährboden für seine Auftritte und Abenteuer. Seine obersten Ziele sind die Eroberung der Menschenseele und die Verbreitung des Bösen.

der Frauen kontrollierte und mal lobte, mal strafte. Nicht zu vergessen ist die schier endlose Schar von schützenden Hausgeistern, Quell- und Berggeistern, Kobolden, Sirenen usw. Für die Kirche bestand das Problem darin, Formen des Aberglaubens in ihr Weltbild zu integrieren. Das tat sie, indem sie die Figuren des heidnischen Volksglaubens zu Dämonen erklärte.

Die Menschen im Mittelalter waren überzeugt, von höheren Kräften umgeben zu sein. So glaubten sie, das Verhalten der Tiere sage kommende Ereignisse voraus. Um sich vor diesen Ereignissen zu schützen, etwa vor Stürmen, trugen sie Amulette oder Talismane. Aber auch um den Körper gebundene Kräuter, meist kraftvoll riechend, sollten schützen. Wenn eine Missernte drohte oder bestimmte Zeichen den Tod ankündigten, so besuchten die Wissenden einen geweihten Ort, um dort direkt mit den guten oder bösen Geistern Zwiesprache zu halten und sie zu besänftigen.

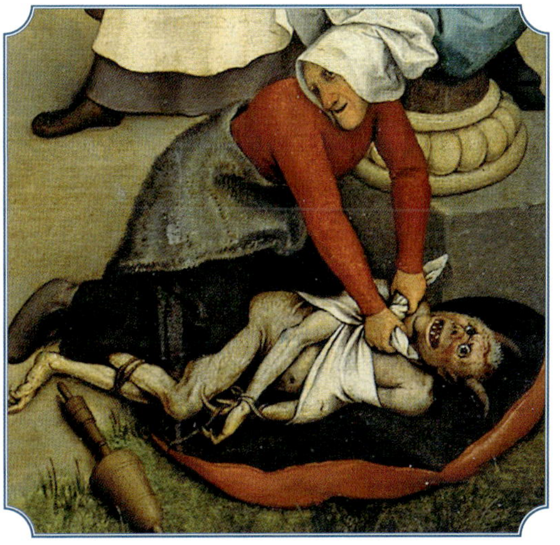

Der gefangene Teufel, Detail eines Gemäldes von Peter Bruegel dem Jüngeren aus dem 16. Jahrhundert

Von den Portalen der großen Kathedralen grinsten Dämonen mit scheußlichen Fratzen und verbreiteten Furcht.

Auch wenn das Weltende, dessen Naherwartung sich um die Jahrtausendwende spürbar gesteigert hatte, nicht eintrat: Die Furcht davor blieb. In Zeiten großer Not, in denen Gebet, Reliquienverehrung, Wallfahrten und Bittprozessionen das Böse nicht mehr abzuwenden schienen und der Glaube keine Sicherheit mehr bot, kam schnell alter Aberglaube auf. Unbegreifliche Ereignisse, wie Hagel, schrieben

Die Hölle ist in verschiedene Abschnitte gegliedert, in denen unterschiedliche Sünden unterschiedlich bestraft werden, z. B. der Unglaube der Juden und der Stolz der Ritter in glühenden Kesseln. Rechts unten der Herr dieses Reiches, Luzifer mit dem Antichristen auf dem Schoß. Miniatur aus dem „Hortus deliciarum" der Äbtissin Herrad von Landsberg, um 1180

Menschen dem dämonischen Treiben von Zauberern, Hexen und anderen finsteren Wesen zu.

Sogar die theologisch gebildeten Vertreter der Kirche glaubten an die Existenz finsterer Mächte, die im Verbund mit dem Teufel standen. In der „Hexenbulle" von Papst Innozenz VIII. und im „Hexenhammer" wurde das Treiben des Bösen als alltägliche Wirklichkeit zementiert – und damit dem Hexenwahn der Weg geebnet.

Hinter Klostermauern

Schon seit dem 3. Jahrhundert gab es im Orient frühe Formen des Mönchtums. Doch Benedikt von Nursia (480–547), Sprössling einer italienischen Adelsfamilie, der das Benediktinerkloster in Montecassino gründete, legte 529 erstmals ein Regelsystem fest, welches das gesamte Klosterleben beherrschen sollte. In 73 Kapiteln setzte er die Prinzipien von Besitzlosigkeit, Keuschheit und Gehorsam fest sowie Kleidung und Tagesablauf. Die von ihm erschaffenen Richtlinien – die Regel des Benedikt – behielten bis ins 11. Jahrhundert hinein ihre Gültigkeit.

Durch die schriftlichen Arbeiten, die Benedikt den Mönchen auferlegte, war es nötig, dass jeder von ihnen des Lesens und Schreibens mächtig war. Dies wiederum ließ die Mönche endgültig zu der geistigen Elite aufsteigen. Ob medizinische Abhandlungen oder antike Sagen, die meisten Schriftzeugnisse jener Zeit wurden von Mönchen kopiert und erst auf diese Weise für die Nachwelt erhalten.

Himmel und Hölle

Für gläubige Christen gab es nach dem Tod nur die Alternative: Aufstieg zum Himmel oder Abstieg in die Hölle. Das stellten sie sich ganz plastisch vor: Eine Leiter mit Stufen, die nach oben oder unten führt, mit Teufeln mit langen Haken daran, die den Himmelsaufstieg verhindern wollen. Nach allgemeiner Überzeugung würde sofort nach dem Ableben die Seele aus dem Mund des Toten ausfahren und sogleich von Engeln oder Teufeln empfangen werden. Ein unmittelbares Gericht würde entscheiden, wo die Seelen bis zum Jüngsten Gericht verbleiben sollten. So die Seelenwaage, bei der die guten Taten die schlechten überwiegen mussten, um dem Fegefeuer bzw. der Hölle zu entgehen. Oder die Jenseitsbrücke, die über den Höllenfluss führt. Der Himmel oder das Paradies blieb bis zum Weltengericht Heiligen vorbehalten. Vor dem Hintergrund derartig angstbesetzter Jenseitserwartungen ist es mehr als verständlich, dass Gläubige alles unternahmen, um sich selbst vor der Höllenpein zu schützen und ihr Seelenheil zu bewahren.

Dem Kloster oblag im Mittelalter nicht allein die Pflicht, geistlicher und religiöser Stützpunkt des Glaubens zu sein. Das Kloster war auch Bestandteil des Feudalsystems, nämlich als Lehnsherr für die Bauern und gleichzeitig Lehnsnehmer von Kirche oder König. Mönche und Nonnen kümmerten sich um Kranke, gaben Reisenden Unterkunft, verliehen Gelder wie heute Banken, gaben Sicherheit fürs Alter, betrieben Handwerk, Landwirtschaft, Handel und unterhielten oftmals Klosterschulen.

Der mittelalterliche Klostergarten entstand ursprünglich als Nutzgarten zum Zweck der Selbstversorgung. In der Ausbildung der Pflanzen- und Heilmittelkunde spielte er eine wichtige Rolle (hier Tapisserie aus dem 15. Jahrhundert).

Nicht immer freiwillig

Sehr viele Kinder wurden genötigt, ins Kloster zu gehen, wie Arnold Esch berichtete: „Wie anhaltend tief der Wille eines strengen Vaters das Leben eines Mädchens bedingen konnte, erzählt eine Frau, die mit sieben Jahren nicht in ein Kloster, sondern in ein Siechenhaus vor den Mauern von Löwen zu Büßerinnen, die dort Leprakranke betreuten, gegeben wurde, aber nicht um Nonne zu werden, sondern um Lesen, Spinnen und Bedienen zu lernen. Als sie vier Jahre dort gewesen war, kam ihr Vater, der ein strenger und rechtskundiger Mann war, eines Tages in den Konvent. Ohne sich darüber klar zu sein, dass das junge Mädchen sich vielleicht in ihrem Dienst mit der Lepra infizieren könne, drohte er ihr, die von Dienst und Regel recht wenig Ahnung hatte, mit Schlägen, wenn sie nicht das tue, was er befehle. So legt sie, gegen ihren Willen, die Gelübde ab, verlässt aber unmittelbar nach dem Tod des Vaters den Konvent …“

Als Mittler zwischen himmlischer und irdischer Welt kam Mönchen und Nonnen eine besondere Bedeutung zu. Fürbitten, Totengedenken und klösterliche Grabplätze wurden durch großzügige Schenkungen und Stiftungen erkauft. Diese waren auch notwendig, wenn es galt, seine Kinder im Kloster unterzubringen. Nachgeborene Söhne oder Töchter aus adeligem Haus ohne eigenen Erbanspruch waren auf diese Weise versorgt. Die Klöster entwickelten sich zu reichen Grundherrschaften mit engen Beziehungsgeflechten bis in höchste Herrscherkreise, wodurch sie sich immer weiter von den ursprünglichen Idealen der asketischen Lebensweise entfernten.

Kloster von Cluny in Burgund, eines der einflussreichsten religiösen Zentren des Mittelalters

Ein frischer Wind

Franz und seine Brüder erbitten die Bestätigung der Regel (Darstellung von Giotto di Bondone, um 1295).

Die soziale Schere klaffte im Hochmittelalter weit auseinander. Die Kirche war nicht in der Lage, auf diese Veränderung zu reagieren. Seelsorger und Priester lebten in den Klöstern, die sich fernab der Städte befanden. In den Städten selbst gab es nicht genügend Pfarrer und Seelsorger. Eine Reformwelle, die eine Wiederbelebung ursprünglicher religiöser Ideale anstrebte, machte mit den neuen Orden der Prämonstratenser, Kartäuser und Zisterzienser ihren Anfang. In den zunächst in abgelegenen Tälern angesiedelten Klöstern bestand der fromme Alltag aus Entsagung, Schweigen, harter Arbeit und Kontemplation. Seit dem 13. Jahrhundert entstand mit den Bettelorden der Franziskaner, Dominikaner und Karmeliter eine völlig neue Form des Mönchtums: Die Armut des Einzelnen galt jetzt gleichermaßen für den Orden; der Lebensunterhalt wurde wesentlich durch Betteln bestritten, Ländereien oder Geldbeträge und Schenkungen waren ein Tabu. Seit 1220 zogen nach dem Vorbild des Kaufmannssohnes Giovanni Bernardone, des heiligen Franziskus von Assisi (1181/82–1226), und des heiligen Dominikus de Guzmann (1170–1221) Minderbrüder (Franziskaner) und Dominikaner als Bußprediger durch Land und Stadt. Sie predigten in den Städten, überall dort, wo die Menschen ihnen zuhörten. Sie waren Seelsorger, Lehrer und Helfer zugleich. Sie lebten von dem, was man ihnen spendete. Viele Frauen, die ihr Ideal eines Lebens in Armut und Buße verwirklichen wollten, begeisterten sich für diese Idee und Lebensform und schlossen sich ihr an, auch Chiara Sciffi (1193–1253), die heilige Klara von Assisi.

Die Gründung des Franziskanerordens durch Franz von Assisi bedeutete einen tief greifenden Einschnitt in der Geschichte des Mönchtums. Erstmals seit den Tagen des Benedikt lag einer Mönchsbewegung nicht die Regel des heiligen Benedikt zugrunde. War ein Mönch bislang an ein bestimmtes Kloster gebunden, das er nur mit Erlaubnis des Abtes verlassen durfte, so war ein Franziskanerbruder nur noch seinem Orden selbst verpflichtet. Franziskaner gründeten ihre Klöster bevorzugt in den Städten, denn dort konnten sie am besten das Wort Gottes predigen, Arme speisen, Kranke versorgen und ihren eigenen Lebensunterhalt durch Almosen erbetteln. Die Dominikaner hingegen machten es sich zur Aufgabe, die Predigt als Mittel einzusetzen, um religiös Verirrte wieder zum rechten Glauben hinzuführen. Ihr unermüdlicher Kampf gegen die Katharer und andere Ketzergruppierungen brachte den schwarz-weiß gekleideten Dominikanern schnell den Ruf ein, sie seien nicht nur wortgewaltige Prediger, sondern bösartige Eiferer und vor allem die „Hunde des Herrn".

Mittelalterliche Baukunst

Die Baukunst im Mittelalter wird hauptsächlich mit den Begriffen „Romanik" und „Gotik" verbunden. Oft fallen in diesem Zusammenhang zur Unterscheidung Worte wie „Rund- und Spitzbogen". Doch die mittelalterliche Baukunst hat durchaus mehr zu bieten als die oberflächliche Einordnung von Fensterformen. Die Romanik bildet sich aus einem langen Entwicklungsprozess von Aneignung und Umformung der antiken Formenwelt heraus, diese Phase wird als Vorromanik bezeichnet. In Deutschland werden die Vorromanik und die Romanik nochmals untergliedert in die jeweiligen Herrscherdynastien. In der Vorromanik sind das die Karolingische (750–920) und die Ottonische Architektur (920–1024) und in der Romanik die Salische (1024–1125) und Staufische Architektur (1138–1254). Das Ende der Romanik fällt mit dem Ende der staufischen Herrschaft zusammen, obgleich es schon vorher vereinzelt Gotik-Rezeptionen gegeben hat (in Frankreich beginnt die Gotik rund 100 Jahre früher). Somit überschneidet sich die Frühgotik (1225–1250) mit der Staufischen Architektur, man bezeichnet diese Phase auch als „Übergangsstil". Von Hochgotik redet man ab der Mitte des 13. Jahrhunderts und ab 1350 setzt die Spätgotik ein, die sich bis 1520 erstreckt.

Religiöse Gruppen unter Verdacht

Im Jahre 1143 beschwerte sich Probst Everwin von Steinfeld beim Zisterzienserabt Bernhard von Clairvaux über „die neuen Häretiker, die fast allenthalben in allen Kirchen aus dem Höllenschlund wie kochende Blasen aufsteigen, als ob sich ihr Fürst schon aufzulösen begänne und der Tag des Herrn bevorstünde ..." Tatsächlich gab es im 12. Jahrhundert das neue Phänomen, dass sich religiöse Gemeinschaften (Waldenser, Lollarden und Hussiten) bildeten, die andere Glaubenssätze als die der katholischen Kirche befolgten. Die bedeutendste Sekte unter ihnen, die Katharer, wirkte in Südfrankreich, bis sie die Albigenserkreuzzüge und die eigens zu diesem Zweck eingerichtete päpstliche Inquisition in den Untergrund drängte bzw. vernichtete. Nach dem Glauben der Katharer konnte Gott die Welt unmöglich so geschaffen haben, wie sie ist – sie sei vielmehr eine Folge des Abfalls von Gott vor langer Zeit. Für Historiker steht fest: Diese Gruppen können zu Recht „als Vorläufer der Reformation betrachtet" werden, „waren für sie doch Rom- und Papstkritik grundlegende Erscheinungen".

Portal der imposanten Notre Dame von Chartres, Frankreich. Sie ist die älteste praktisch unverändert gebliebene hochgotische Kathedrale der Welt.

Nichts als Arbeit: Die Welt der Bauern

Im Schweiße des Angesichts

Die mittelalterliche Welt war agrarisch geprägt. Rund 90 Prozent aller Europäer lebten damals als Bauern und Hirten auf dem Lande und waren unermüdlich damit beschäftigt, das Vieh auf Wiesen zu treiben und den zum Teil kargen Boden zu roden. Der bäuerliche Alltag war hart. Denn nicht alle Siedlungen hatten Anteil an den fruchtbaren Böden. Mit einer spärlichen, wilden Vegetation, niedrigen Gräsern und Kräutern warfen viele selbst bei guter Bewirtschaftung nur geringe Erträge ab. Erst im Hochmittelalter wurden neue Anbaumethoden und zahlreiche Innovationen im Bereich der Ackergeräte entwickelt, eine Voraussetzung dafür, dass mehr Nahrungsmittel produziert werden konnten und Menschen ein besseres Auskommen fanden.

Der biblischen Überlieferung zufolge wurde bereits der erste Mensch mit der Bürde der Arbeit konfrontiert. Mehr noch, die Adam bei seiner Vertreibung aus dem Paradies auferlegte Arbeit „im Schweiße des Angesichts" kommt wie ein Fluch daher und verleiht körperlicher Arbeit den Charakter einer Buße für den Sündenfall. So sahen das auch mittelalterliche Theologen wie etwa Thomas von Aquin, der in seiner „Summa theologicae" formulierte: „Die Arbeit hat einen vierfachen Zweck: Zuallererst soll sie das Lebensnotwendige beschaffen; zweitens die Ursache so vieler Laster, den Müßiggang vertreiben; drittens durch Kasteiung des Leibes die Fleischeslust zügeln; viertens ermöglicht sie, Almosen zu spenden." Ein derartiges Arbeitsverständnis steht in Zusammenhang mit der Auffassung, dass jeder Mensch von Gott in seinen gesellschaftlichen Stand berufen sei. Dem dritten Stand, dem im Spätmittelalter noch rund 80 Prozent aller Menschen angehörten, wurde in diesem Gefüge die schwere körperliche Arbeit zugeteilt. Dies wurde von den Menschen weithin als gottgewollt akzeptiert. Erst im 14. Jahrhundert, als neue Berufsgruppen, wie etwa Kaufleute, ganz offensichtlich von diesem System profitierten, der gemeine Mann aber nicht, entluden sich die sozialen Spannungen. Die Mehrheit der Bauern arbeitete nicht nur bis zum Umfallen, um sich und andere zu ernähren, sie mussten sich auch noch damit abfinden, dass ihre Tätigkeit schlecht angesehen war.

Als Pomp und Luxus des Adels im Hochmittelalter ungeahnte Ausmaße annahmen, versuchten die Grundherren, die Bauern noch weiter auszunehmen, indem sie ihre Abgaben erhöhten. In vielen Teilen Europas war dies der Auslöser für zahlreiche Bauernrevolten.

Nicht viel besser als Sklaven …

„Wir sullen den Gerrn darumbe dienen, daz sie uns beschirmen. Beschirmen si uns nit, so sind wir inen nicht dienstes schuldig", beschreibt der „Schwabenspiegel" des 13. Jahrhunderts das Verhältnis zwischen den Bauern und deren Herren. Bauern und Grundherren sollten nach dem allgemeinen Zeitverständnis in einem dauerhaften Verhältnis auf Gegenseitigkeit leben, doch die historische Realität war eine andere. Die freien Bauern der altgermanischen Zeit schmolzen im Verlauf des Mittelalters auf eine geringe Zahl zusammen.

Es waren meist Unfreie, die vom Grundherrn ein Stück Land bekamen, dafür Abgaben lieferten oder Dienste leisteten. Bestanden die Abgaben zunächst aus Naturalien, wie etwa Korn, Früchte, Tiere, so setzten sich seit dem 12. Jahrhundert mehr und mehr Geldleistungen durch. Vielen Unfreien ging es damals nicht viel besser als den ehemals römischen Sklaven. Der Besitzer konnte seine Hörigen verkaufen, verschenken oder verpfänden, wie Tausende von Urkunden bezeugen. Auch wenn die Kirche forderte, die Leibeigenen als Mitbrüder zu betrachten und verbot, Christen an Heiden oder Juden zu verkaufen, änderte das wenig am Los der armen Menschen. Wie auch? Die Kirche selbst hielt eisern am System der Sklaverei fest und beschäftigte weitaus mehr Unfreie als weltliche Grundherrschaften.

In der Praxis, so P. Dinzelbacher, „hatten die unter dem Krummstab lebenden Abhängigen das ganze Jahr über von Sonnenausgang bis Sonnenuntergang zu schuften. Ist der Zehnt an Gott gegeben und sind die Ausgaben abgezogen, so bleibt dem Bauern nichts mehr als seine Arbeit. Daher sind sehr viele Jahre, sogar die fruchtbarsten, eben für den dürr, der die Erde beackert. Richtig und wahr ist daher das alte spanische Sprichwort, dass der Bauer als Märtyrer zählt, denn er vergießt sein Blut nicht auf einmal, um die Erde zum Gebrauch des Menschen zu düngen, sondern betaut sie täglich mit seinem

Bauern bei der Ablieferung ihrer Abgaben an den Grundherren, Holzschnitt aus dem 15. Jahrhundert

Schweiß und Blut, damit wir leben können und es uns durch seine Plagen und dauernde Schmerzen wohl ergehe." (Aus dem „Spiegel des menschlichen Lebens" von Rodrigo von Zamorra)

Aussaat und Eineggen der Saatkörner

Zu den Aufgaben der Frauen gehörten – abgesehen von den Arbeiten im Haus – etwa die Entsorgung der Küchenabfälle, der Fäkalien, des Stallmists und der Gülle. Auch die Jauchegruben mussten sie mithilfe von Mistgabeln und Schaufeln leeren. Damit wurden die Flächen unweit des Hauses gedüngt. Hinzu kamen Tätigkeiten wie Spinnen, das Schöpfen von Wasser, das Schüren des Feuers, Käsen, Vieh und Gemüsegarten versorgen, Getreide einbringen, Mähen und Garben binden und vieles mehr. Darüber hinaus standen viele Frauen als Hökerinnen auf dem Markt, um Gemüse, Eier, Käse und andere Produkte zu verkaufen. Das bäuerliche Arbeitsjahr begann und endete am Michaelistag, dem 29. September. Bis dahin musste alles geerntet sein.

Hungersnöte und Ertragssteigerungen

Die wichtigste Nahrungsquelle für die Menschen in der Stadt und auf dem Land war das Getreide, vor allem Roggen, der besonders winterfest war, aber auch Hafer, Dinkel und Grünkern. Weizen spielte eine eher untergeordnete Rolle. Allerdings ließ die landwirtschaftliche Produktivität im Früh- und auch noch im Hochmittelalter zu wünschen übrig. Missernten im Sommer hatten

Monatsbild für den Juli von Simon Bening, flämischer Miniaturenmaler und Illustrator im 15. Jahrhundert

damals Hungersnöte im Winter zur Folge. Häufig waren es räumlich begrenzte Hungersnöte, aber es gab auch Jahre, in denen ganz Mitteleuropa von großem Nahrungsmangel betroffen war. Im 12. Jahrhundert scheinen die Jahre 1099–1101, 1124–1126, 1145–1147, 1150–1151 und 1195–1198 solche nahrungsmittelknappen Zeiten gewesen zu sein. Ein verstärktes Bevölkerungswachstum erschwerte die Ernährungssituation. Zwar versuchten Bauern, den Ertrag durch Düngemittel – meist tierischer Stalldünger und ein Gemisch aus Kalk und Ton – zu steigern, aber die Ernte reichte trotzdem nicht aus, um „alle Mäuler zu stopfen". Im 13. Jahrhundert begann man damit, neue Siedlungsräume, Rodungsaktionen und sogar Landgewinnungsmaßnahmen an der Nordsee durchzuführen, um die wachsende Nachfrage nach Ackerflächen und Agrarprodukten stillen zu können.

Hinzu kamen neue Methoden der Ertragssteigerung. Dazu gehörte die Wiedereinführung der Dreifelderwirtschaft, die schon seit der Karolingerzeit bekannt war. Bisher wurde von den Bauern die Zweifelderwirtschaft praktiziert, bei der nur die eine Hälfte des Ackerlandes bebaut wurde und sich die andere ein Jahr regenerieren konnte. Bei der Dreifelderwirtschaft hingegen teilte man die landwirtschaftliche Fläche in drei

Abschnitte. Auf einem Feld wurde Sommergetreide, auf dem anderen Feld Wintergetreide angebaut. Nur den dritten Abschnitt ließ man brach liegen. Diese neue Anbaumethode hatte einen wesentlichen Vorteil: Nun konnte man zweimal im Jahr ernten und hatte außerdem einen Mehrertrag. Die Brachflächen wurden meist mit Lupinen, Beifuß und Hülsenfrüchten bepflanzt, die vor der nächsten Aussaat untergepflügt wurden.

Geräte und Werkzeuge

Gleichzeitig revolutionierten mehrere Erfindungen die Landwirtschaft im Mittelalter. Bei den Ackerbaugeräten nahm der Pflug zweifellos eine vorrangige Stellung ein. Während im Frühmittelalter hauptsächlich mit hakenförmigen Pfluggeräten – hölzerne Konstruktionen, die den Boden einfach aufritzten – gearbeitet wurde, setzte sich jetzt der größere Beetpflug mit Rädern, Sech und schollenwendender Schar durch, der wesentlich tiefer in den Boden eingriff. Auch andere eiserne Hilfsmittel erleichterten den Bauern die Feldarbeit: Sense, Hacke, Rechen.

Im 11. Jahrhundert begann das Pferd das Rind als Zugtier zu ergänzen und schließlich immer mehr zu ersetzen, nachdem die Vorzüge des aus dem Osten übernommenen Kummets, ein festes Joch, welches den Zugtieren von Pflügen und Wagen um den Hals gelegt wurde, bekanntgeworden waren. Das Pferd bewegte sich schneller als der Zugochse und zeigte mehr Kraft und größere Ausdauer, sodass mit ihm täglich ein bis zwei Stunden länger gepflügt werden konnte. An die Stelle des zweirädrigen Karrens trat der große vierrädrige Lastenwagen.

Darüber hinaus setzte man nun vermehrt Sensen zur Ernte ein, die den vormals gebräuchlichen Sicheln weit überlegen waren. Einerseits reduzierte man den Zeitaufwand bei der Ernte, andererseits wurde das Korn nun am Boden geschnitten, was den Bauern neben dem Getreide auch die Halme als Stroh einbrachte. Dieses wurde als Tierfutter, Brennmaterial, Dämmstoff oder Streumaterial genutzt. Daneben gelten auch die Einführung von Hufeisen und die Entwicklung von wind- und wassergetriebenen Mühlen als Meilensteine in der landwirtschaftlichen Revolution des Mittelalters.

Im 13. Jahrhundert setzte sich dann vielerorts der Dreschflegel durch, der während des Dreschens des Getreides mit großer Wucht auf die korngefüllten Ähren geschlagen wurde.

Dorfgemeinschaft

Bereits im frühen Mittelalter entstanden kleine Dörfer (meist zehn bis zwölf Höfe) um einen Gutshof herum, bei den meisten handelte es sich um sogenannte Haufendörfer. Eine Vielzahl neuer Dorfanlagen verdankte ihre Existenz der intensiven Landerschließung des Hochmittelalters. Vom 10. bis 13. Jahrhundert erbaute man die Häuser reihenweise entlang der Straße (Straßendorf) oder gruppierte sie um einen freien Platz, auf dem man eine Kirche errichtete oder einen Dorfteich anlegte (Angerdorf). Rund um das Gemeinwesen erstreckte sich das Ackerland, das aus Gewannen bestand; diese wurden in Streifen oder Quadrate aufgeteilt. Rings um die Ackerflur schloss sich die Allmende an, die aus Weideflächen und Wald bestand. Gemeinsam nutzten die Bauern des Dorfes die Weiden für ihr Vieh und den Wald zur Holzgewinnung und Schweinehaltung sowie zum Sammeln von Beeren und Honig. Die Nachbarschaftshilfe war seit den Dorfrechtssammlungen, den sogenannten Weistümern, genau geregelt und schriftlich fixiert. Man unterstützte sich beim Häuserbau und der Feldarbeit, man kümmerte sich um die Ärmsten, meist Witwen und Waisen. Es war Pflicht, an Dorfversammlungen teilzunehmen.

Jahreszeitlicher Kalender, aus einem Manuskript von Pietro Crescenzi (15. Jh.), der die unterschiedlichsten bäuerlichen Tätigkeiten dokumentierte

Finster, stickig und alles andere als behaglich

Die meisten Bauern waren arm. Ersichtlich wurde dies an ihren zweigeteilten „Häusern“, die Wohn- und Stallbereich miteinander verbanden. Seit dem Hochmittelalter wurden die Behausungen meist in der Ständerbauweise errichtet, d. h. die Holzbalken ruhten auf Fundament und Schwellen. Die Wände bestanden meist aus mit Lehm abgedichtetem Flechtwerk, das Dach aus Stroh oder Schilf. Den Boden bildete festgestampfter Lehm, auf dem man Stroh ausbreitete. Die Lebensdauer solcher Häuser war kurz, denn die Balken waren ständig von Feuchtigkeit und Fäulnis bedroht. Haus und Gemüsegarten, der direkt am Haus lag, waren von einem Bretterzaun umschlossen, der nicht nur ungewollte Tiere fernhielt, sondern auch den Rechtsbereich markierte. Der „Sachsenspiegel" aus dem 13. Jahrhundert forderte die Bauern auf: „Jeder soll seinen Teil des Hofes einzäunen. Wer das nicht tut, und es entsteht daraus ein Schaden, so muss er den bezahlen ..."

Im einzigen Wohnraum des Bauernhauses war es alles andere als gemütlich, es war finster und stickig. Nur wenig Tageslicht fiel durch die kleinen Luken in den Wänden. Kerzen waren sehr teuer und so begann für die Bauern das Tagwerk mit dem Sonnenaufgang und endete bei Sonnenuntergang. Der beißende Rauch der Feuerstelle inmitten des Raumes zog schlecht durch das Eulenloch im Dach ab. „Der Raum", so Rolf Schneider, „ist niedrig und dunkel, an Möbeln gibt es eine rohe Holzkiste, die Truhe, es gibt einen Tisch und darum herum geordnet mehrere Schemel. Es gibt Pritschen zum Schlafen, nackte Holzbretter auch hier, mit einem Strohsack darüber und einem Schaffell darauf, als Zudecke."

Eingebunden in Naturabläufe

Die besorgten Menschen gingen regelmäßig in die Kirche. Da sie von der Natur abhängig waren, versuchten sie die Naturabläufe durch religiöse Handlungen zu beeinflussen. Sie riefen besondere Schutzheilige um Hilfe an, die das Vieh vor Krankheit, die Felder vor Hagelschlag, vor Trockenheit, vor zu frühem Frost oder sonstigem Schaden bewahren sollten. Unter das Viehfutter mischten sie Weihwasser, und beim Priester erbaten sie einen Feldumgang, bei dem er lateinische Segenssprüche sprechen sollte. Das Kreuzzeichen setzten die Bauern wie ein Zaubermittel ein. Das Kreuzschlagen mit der Hand und das im Haus aufgehängte oder am Feldrand aufgestellte Kruzifix sollten die bösen Geister und die Unholde (Dämonen) abwehren. Der Klerus warf den Bauern deshalb Unwissen, Gottlosigkeit und vor allem Aberglauben vor.

Kleider machen Leute

Mittelalterliche Kleiderordnungen legten fest, dass Bauern keine kostbaren und bunten Stoffe tragen durften. Überhaupt blieben die wechselnden Moden, wie sie die Kleidung der Bürger und des Adels bestimmten, den Bauern unzugänglich. Aber nicht immer hielten sich die wenigen zu Wohlstand gekommenen Bauern daran, sie eiferten dem textilen Prunk der höheren Stände nach. Für die Mehrzahl jedoch wird es von größerer Bedeutung gewesen sein, dass der Tisch ausreichend gedeckt war. An ein Tuch aus Seide wird kaum einer einen Gedanken verschwendet haben. Männer trugen einen schlichten Leibrock oder Kittel, eine bis zu den Knöcheln reichende Langhose und einen ärmellosen Mantel, der an einen Poncho erinnerte. Frauen trugen lange, faltenreiche Kleider – im Sommer ärmellos, im Winter mit langem Arm –, die von einem einfachen Gürtel gehalten wurden. Kinder hatten einfache Kittel. Die Kleidung stellte man selbst her. Die Bauersfrau spann die Wolle oder webte Leinen aus Flachs. Meist waren die Kleider schwarz, grau, blau oder braun. Leinene Hemden dienten als Unterwäsche. Die Schuhe waren aus weichem Holz geschnitzt oder aus Leder gefertigt. Arme Bauern oder Häusler, die Ärmsten der Armen, die als Tagelöhner ihr Dasein fristeten, umwickelten ihre Füße manchmal auch nur mit schlichten Lappen.

Die Kleidung des Bauern war schlicht und einfach.

Unser täglich Brot gib uns heute …

„Ihr habt gelebt so manchen üblen Tag in harter Arbeit früh bis spät und müsst eben alles das arbeiten, dessen die Welt bedarf, und von all dem zusammen wird euch mit Not nur so viel, dass ihr nicht viel besser esst als eure Schweine", beschrieb 1272 der Prediger Berthold von Regensburg das kulinarische Los des Bauernstandes. Tatsächlich ernährten sich die kleinen Leute einfach und

Dörfliches Fest. Links die Bauern an langer Tafel beim Festschmaus; rechts auf der Wiese Tanz, zu dem ein paar auf einer Bank stehende Musikanten aufspielen. Faksimile des Kupferstiches von Daniel Hopfer (um 1500)

abwechslungsarm. Waren die äußeren Lebensbedingungen schon niederdrückend, kam nicht selten ein knurrender Magen hinzu. Denn Lebensmitteltransporte über größere Strecken gab es im Mittelalter nicht, man lebte von den Früchten des eigenen Bodens oder der Umgebung. Fiel die Ernte schlecht aus, musste der Gürtel enger geschnallt werden.

Auf den bäuerlichen Tisch kamen Hülsenfrüchte, Kraut, Rüben, Milchprodukte und ungewürzter Getreidebrei. Fleisch gab es meist nur an besonderen Festtagen. Der Grund dafür war, dass der Hauptfleischlieferant das Schwein war und in bäuerlichen Haushalten nur einmal im Jahr geschlachtet wurde. Brot gab es als Backware und als Brei. Das Hauptgetreide war der Roggen, aber auch Hafer, Grünkern und Dinkel fanden Eingang in die Ernährung. Es wurde vor allem Wasser und Molke getrunken, aber auch dünnes Bier, das mit Kräutern versetzt war und nur einen sehr geringen Alkoholgehalt aufwies. In typischen Weinbauregionen kam auch Wein auf den Tisch, der sogenannte Tresterwein, der aus Traubenmark gewonnen und mit Wasser versetzt wurde.

Die wichtigsten im Spätmittelalter angewendeten Verfahren, um frische Lebensmittel für den späteren Verzehr haltbar zu machen, waren das Beizen, das Einsalzen, das Räuchern und das Dörren bzw. Trocknen. Heringe, Kabeljau, Lachs, Barsch und Aal wurden durch Einsalzen konserviert, Kraut durch Einsäuern. Das Obst wurde getrocknet und das Fleisch gepökelt und geräuchert.

Tanzende Bauern (ein Gemälde von Adriaen van Ostade)

Freizeit und Feste

Der Arbeitsalltag der Bauern war wesentlich härter als heute. Umso mehr freuten sich die Menschen, wenn der graue Alltag von Feiertagen unterbrochen wurde. Dörfliche Feste bildeten oft die einzige Abwechslung ihres eintönigen Lebens. Das konnten Naturfeste sein, wie der Maitanz oder die Sommersonnenwende. An den Feierlichkeiten wurde Musik und Tanz geboten, vor allem jedoch reichlich Essen und Trinken bis hin zur Völlerei. Die Feiern fanden unter freiem Himmel statt, auf dem Dorfplatz und manchmal sogar auf dem Friedhof. Erst mit dem Aufkommen rauchfreier Stuben saß man auch in den Behausungen zusammen.

Die Zahl der kirchlichen Feiertage steigerte sich im Mittelalter, weil immer mehr neue Heilige hinzukamen. Die bedeutendsten heiligen Zeiten jedoch waren wie auch heute Ostern und Weihnachten. Nicht zu vergessen sind die Sonntage, an denen striktes Arbeitsverbot herrschte. Am Tag des Herrn tätig zu sein, wurde nicht nur von der Geistlichkeit mit den furchtbarsten Höllendrohungen verhindert, sondern auch von der weltlichen Gesetzgebung.

Verweigerung und Revolte

„Als Adam grub und Eva spann, wo war denn da der Edelmann?“, heißt es in einem deutschen Bauernkriegslied. Und in einem französischen Text lesen wir: „So müssen die Unschuldigen vor Hunger umkommen, weil die großen Wölfe sich jeden Tag den Bauch vollschlagen, als welche zu hunderten und zu tausendsten, die falsche Schätze anhäufen: das Korn und das Getreide, das Blut und die Knochen, womit die armen Leute ihr Feld pflügen – weshalb ihr Geist nach Rache schreit zu Gott und weh! Zur Herrschaft!“

Bauernelend und bäuerliche Erhebungen gab es im Mittelalter immer wieder. Sie reichten von einfachen Aktionen der Leistungsverweigerung bis hin zu Revolten. Leistungsverweigerungen gab es dadurch, dass die abhängigen Bauern nur selten die von ihnen geforderten Abgaben immer und vollständig erbringen konnten. Die Hörigen des Goslarer Augustinerklosters mussten, so Rolf Schneider, „1145 mit Nachdruck daran erinnert werden, dass sie die getroffenen Vereinbarungen nicht leichtfertig übertraten. Wer am vereinbarten Tag den Zins nicht zahle, die festgesetzten Frondienste nicht verrichte oder die verlangten Getreidemengen nicht pünktlich abliefere, habe dem Kloster ein Bußgeld zu entrichten." In der Regel fanden sich die Grundherren aber mit solchen Unzulänglichkeiten ab. Viele Bauern gaben ihre Höfe aus Not, Verdruss oder Trotz auf und flohen dorthin, wo sie sich bessere Lebensbedingungen erhofften. Für das Hochmittelalter lässt sich sogar eine richtige Landflucht feststellen.

Das 13. Jahrhundert kannte ausgedehnte Bauernerhebungen und Bauernkriege im Alpenraum, aber auch in West- und Ostfriesland und in Dithmarschen. Anlass waren jeweils feudale Übergriffe. Ein herausragendes Beispiel ist die Jacquerie aus dem Jahr 1358. Der Name erklärt sich aus der Spottbezeichnung für den leibeigenen Bauern, Jacques Bonhomme, abgeleitet von der Bezeichnung für den Bauernkittel „iacque". Die Jacquerie war ein Aufstand der Armen, der Elenden. Den Hintergrund dieser Revolte bildeten die Verwüstungen in dem 100 Jahre währenden Krieg zwischen England und Frankreich und die dadurch ausgelöste Not der kleinen Leute. Man forderte von den armen Bauern hohe Steuern, marodierende Söldner und plündernde Ritter zogen durch das Land und verwüsteten, was noch nicht verwüstet war. Die Revolte wurde niedergeschlagen.

Der englische Bauernaufstand im 14. Jahrhundert, der 1380 durch die Erhöhung der Kopfsteuer ausgelöst wurde, war deutlich besser organisiert. Die Aufständischen unter ihrem Anführer Wat Tyler eroberten den Tower von London und die London Bridge. Die Bauernführer forderten die Aufhebung der Leibeigenschaft – daraufhin kam es in London zu Kämpfen. Tyler wurde geköpft, sein Haupt an der Tower Bridge zur Schau gestellt, der Aufstand niedergeschlagen.

Das enge Geflecht von religiöser Reform und sozialer Erhebung sollte beispielhaft für das übrige Europa sein. Es findet sich im Auftreten des tschechischen Reformers Jan Hus und der durch ihn ausgelösten Bewegung ebenso wie im späteren Auftreten der spätere Reformer Martin Luther, Huldrych Zwingli und Jean Calvin. Dies mündete in den deutschen Bauernkriegen.

Krieg und Minne: Die Welt des Adels

Auserwählte in Gottes Ordnung

Rund 90 Prozent der europäischen Bevölkerung im Mittelalter lebten auf dem Land, wo sie als Bauern, Hirten oder Tagelöhner ihr tägliches Brot hart erarbeiten mussten. Zehn Prozent lebten in der Stadt bzw. gehörten dem Klerus und dem Adel an und übten somit über alle anderen die Herrschaft aus. Ein Missverhältnis, das zumindest bis ins Spätmittelalter als gottgewollt und damit als nicht änderbar dargestellt wurde. In Wahrheit jedoch war es nicht der „Wille des Himmels", der die gegebenen Zustände bestimmte, es war vielmehr die Geburt in eine spezielle gesellschaftliche Gruppe, die das spätere Leben festlegte. Die mittelalterliche Gesellschaft glich in der Struktur einer Pyramide, an deren Spitze der König bzw. Monarch stand. Ihm unmittelbar zugeordnet waren Großfürsten, Herzöge, Magnaten, denen in Abstufung die übrigen Adeligen unterstanden, z. B. Pairs, Grafen, Barone oder Ritter. Die Größe ihres Landbesitzes, den sie leihweise erhielten, bestimmte ihren Rang. Der Begriff dafür lautet: Vasallität.
Das Prinzip des Lehens bestand darin, dass seine Nutzung zeitlich begrenzt war. Im Laufe des Mittelalters setzte sich jedoch die Erblichkeit durch und die Machtpositionen innerhalb des Adels verfestigten sich durch das Gewohnheitsrecht. Hier lag der Ursprung immerwährender Konflikte, die meistens militärisch gelöst wurden. Die Hauptbeschäftigung des Adels im Mittelalter war neben der Herrschaft ohnehin der Krieg. Zur Herrschaft gehörten die richterliche Gewalt und das Eintreiben von Abgaben. War gerade kein Krieg, amüsierten sich die hohen Herren am liebsten bei der Jagd oder befriedigten ihre Kampfeslust bei Turnieren.

Herr über Pferd und Rüstung

Eine besondere Form adeliger Lebensweise war das Rittertum, um das sich eine Vielzahl romantisch-verklärter Sehnsüchte rankt. Glänzende Rüstungen, klirrende Schwerter und blinkende Lanzen trugen zur Verklärung bei. Der Ritter – ein Mythos. Doch was war eigentlich ein Ritter, der im Französischen „chevalier" und im Englischen „knight" genannt wird? Der Begriff, so der Historiker Maurice Keen, bezeichne „einen Mann von aristokratischem Stand und mit möglicherweise adeligen Vorfahren, der in der Lage ist, sich mit einem Streitross und den Waffen eines Schwerberittenen auszurüsten, wenn man ihn dazu auffordert, und der durch ein bestimmtes Ritual zu dem gemacht wurde, was er ist: zu einem Ritter – ein Mann, der den Ritterschlag erhalten hatte." Ritter heißt zunächst einmal Reiter im militärischen Sinn: ein Kämpfer zu Pferde. Durch seinen Ausstattungsaufwand und durch seine Wehrkraft hob er sich aus der Schar der übrigen Krieger hervor.

Ursprünglich waren im Mittelalter alle Bauern zur Heerfolge verpflichtet gewesen. Doch diese entzogen sich in einer größeren Zahl dieser Aufgabe, indem sie ihr Land einem Grundherrn übergaben, der ihnen dafür Schutz gewährte und sie vom Kriegsdienst befreite. Dank der Abgaben der Bauern konnte der Grundherr sich Pferd und Rüstung sowie längere Zeiten der Abwesenheit leisten. Der hohe materielle Aufwand und die Ausbildung, die nötig war, den Umgang mit Pferd und Ausrüstung zu erlernen, führten im Laufe der Jahrzehnte zu einer Professionalisierung der Krieger, die sich

Belagerung von Tyros 1187

ausschließlich aus der Schicht der reichen, adeligen Grundbesitzer zusammensetzte. Der ehrenwerte Ritter hatte die Aufgabe, mit dem Schwert für den Schutz der Kirche und des Reiches einzutreten.

Das Rittertum war weit mehr als nur ein besonderes Leben: Es war ein gesellschaftliches Ideal. Ein Ideal, von dem das gesamte Leben der Adeligen bzw. der Oberschicht geprägt war: der edle Ritter als Beschützer der Schwachen und Kämpfer gegen die „Ungläubigen". Die Charaktereigenschaften wie Maßhaltung in allen Lebenslagen, Tapferkeit, Milde, Güte, Beherrschung des gesellschaftlichen Umgangs und der höfischen Tugenden scheinen mehr einem von Kirche und Hochadel propagierten Ideal als der Wirklichkeit entsprochen zu haben. Dennoch prägen sie das Selbstverständnis des Adels bis in unsere Zeit. Die Blütezeit des Rittertums war das 12. und 13. Jahrhundert. Danach begann der Niedergang. Der Spanier Miguel de Cervantes schuf schließlich den melancholisch-komischen Abgesang auf den Ritter, indem er seinen Don Quijote als exemplarischen „Ritter von trauriger Gestalt" vorführte. Während sich die ritterliche Welt von einst auflöste, blieb bei Baronen, Grafen, Fürsten und Königen eine Sehnsucht nach der guten alten Zeit lebendig, in der das Ideal vom „Ritter ohne Furcht und Tadel" das Leben aufregend und sinnvoll gemacht hatte.

Vom Page zum Ritter

Die Aufnahme in den Ritterstand erforderte eine standesgemäße Erziehung. Wer ein Ritter werden wollte, begann seine Ausbildung im Alter von etwa sieben Jahren als Page im Gefolge eines befreundeten Ritters seiner Familie. Gemeinsam mit anderen Knaben diente er seinem Herrn, half ihm beim An- und Ablegen der Rüstung und anderen täglichen Verrichtungen. Darüber hinaus trainierte er mit Übungswaffen Körperkraft, Geschicklichkeit und Ausdauer. Hatte er sich schließlich bewährt, wurde er mit 14 Jahren zum Knappen ernannt. Von da an kämpfte er mit der Lanze und führte einen Schild. John Hardygne, der selbst an einen fremden Hof geschickt worden war, beschreibt in seiner Chronik die Erziehungsziele seines Herrn: „Mit vier Jahren bekommt er Unterricht im Lesen, ab sechs in der Sprache und Benehmen, mit zehn bis zwölf in Tanz und Gesang und feiner Ausdrucksweise, mit 14 müssen sie hinaus auf die Jagd, denn Tiere erschlagen und bluten zu sehen sorgt für Abhärtung, Mut und Gewandtheit. Mit 16 beginnt der Kriegsdienst, Turniere, Belagerungen, Kämpfe, Nachtwachen ..."

Auf Kriegszügen war es Aufgabe des Knappen, seinem Herrn mit Leib und Seele zur Seite zu stehen. Am Hof lernte er zudem edles Betragen, die Etikette und den korrekten Umgang mit der höfischen Gesellschaft, vor allem mit den Damen. Etwa sieben Jahre später erhielt der Knappe, wenn er sich denn bewährt hatte, in der feierlichen Zeremonie der Schwertleite ein von einem Priester gesegnetes Schwert: „Empfange dieses Schwert, das Dir mit dem Segen Gottes verliehen wird, damit Du stark genug bist, mit der Kraft des Heiligen Geistes allen Deinen Feinden und allen Feinden der Heiligen Kirche Gottes zu widerstehen." Seit dem 13. Jahrhundert entwickelte sich vor allem in Frankreich der Ritterschlag, bei dem der Knappe mit der flachen Hand an Hals oder Schultern berührt wurde. Später folgte der Ritterschlag mit der flachen Schwertklinge. Das geweihte Schwert war die wichtigste Waffe nicht nur des christlichen Ritters.

Der wertvollste Besitz des Ritters war sein Pferd. Ein Schlachtross musste stark, ausdauernd und hervorragend trainiert sein, damit es in einer Schlacht „die Ruhe bewahrte". Neben seinem Schlachtross verfügte der Ritter über mindestens ein Reitpferd und mehrere Packpferde. Das alles und darüber hinaus die Rüstung zu bezahlen, war kein billiges Unterfangen. Nur die Wohlhabenden konnten sich diesen Aufwand leisten.

Im Namen des Herrn

Im Jahre 1077 bat der byzantinische Kaiser Alexios Komnenos Westeuropa um Hilfe, nachdem die muslimischen Seldschuken die Stadt Jerusalem eingenommen hatten und das byzantinische Kaiserreich selbst bedroht war. Papst Urban II. verstärkte seinen Hilferuf und rief auf einem Konzil in Clermont-Ferrand zum Kreuzzug auf – wahrscheinlich erhoffte er sich durch die Aktion eine Wiedervereinigung der seit 1054 in Ost- und Westkirche gespaltenen Christenheit.

Sein Aufruf traf bei den kriegsbegeisterten Rittern auf offene Ohren und ein geradezu religiöser Eifer machte sich unter ihnen breit. Die Aussicht auf ein Abenteuer war ebenso bedeutsam für die Teilnahme wie die Hoffnung, auf diese Weise womöglich das eigene Seelenheil zu erlangen. Der abendländische Adel, zum Teil verarmt, erhoffte sich zudem durch die Eroberung neue Ländereien und Einnahmen. Das traf vor allem auf die jüngeren Söhne zu, die nicht erbberechtigt waren und nun die Chance sahen, doch noch über ein eigenes Gebiet herrschen und standesgemäß leben zu können.

Der Erste Kreuzzug begann 1096. Die Ritter zogen nach Konstantinopel, eroberten Anatolien und schließlich im Juli 1099 die heilige Stadt Jerusalem. Die eroberten Gebiete wurden christlicher Hoheit unterstellt, Jerusalem wurde zum Königreich. Erster Regent war der niederlothringische Kreuzritter Gottfried von Bouillon, der die Königswürde allerdings ablehnte. Er starb bereits 1100. Später wurde er christlich idealisiert. Seit dem 14. Jahrhundert zählte er zu den idealen Rittern, die als die Neun Guten Helden in die Geschichte eingingen.

Unter dem Einfluss der kirchlichen Reformpartei der Cluniazenser nahm Gottfried von Bouillon als einziger Reichsfürst mit seinen Brüdern Balduin und Eustach am 1. Kreuzzug teil (Fresko in Folognio, Italien).

Der blutige Kreuzzug war ein voller Erfolg. Die Teilnehmer, die sich nicht im Heiligen Land niederließen, kehrten stolz in ihre Heimat zurück und wurden überschwänglich in Empfang genommen. Insgesamt gab es sieben große Kreuzzüge, den letzten im Jahre 1270. Die christlichen Bastionen gingen nach und nach wieder verloren und im 15. Jahrhundert wurde schließlich der gesamte Balkan muslimisch.

Nicht jeder Krieg verlief siegreich, die Ritter mussten immer damit rechnen, als Verlierer einer Schlacht in Gefangenschaft zu geraten. Ein gefangener Ritter, seine Rüstung und sein Pferd waren ein wertvolles Pfand und brachten viel Lösegeld ein. Im Spätmittelalter entwickelte sich daraus eine besondere Art von Geschäft und der deutsche Kaiser Heinrich VI. profitierte davon besonders, wie Horst Fuhrmann schreibt: „Zusammen mit Leopold V. betrieb der deutsche Kaiser eine unbarmherzige Erpressung und ließ den hohen englischen Gefangenen erst frei, als die riesige Lösegeldsumme voll bezahlt war: 150 000 Mark Silber, was einem Schatz von 35 000 kg Silber entsprach. Auf viele Jahre war die englische Krone verarmt und verschuldet." Doch nicht

Die Neun Guten Helden

Die Helden drückten im Spätmittelalter das bürgerliche Selbstverständnis aus, indem sie die ritterlichen Tugenden verkörperten. Darstellungen dieser Idealfiguren fanden sich in vielen Rathäusern (Hamburg, Köln, Lüneburg, Osnabrück), an öffentlichen Brunnen (in Braunschweig, Hildesheim, Nürnberg) oder in Wappenbüchern (dem des Konrad Grünenberg aus Konstanz, datiert 1483). In Dreiergruppen gruppierten sich jeweils: Hektor, Alexander der Große und Cäsar (als Vertreter ritterlichen Heidentums), Josua, David und Judas Makkabäus (als Vorbilder des Judentums), Artus, Karl der Große und Gottfried von Bouillon (als christliche Helden).

jeder Ritter brachte Lösegeld ein. Eine Vielzahl von besiegten und verwundeten Rittern wurde von dem Fußvolk und Trossknechten grausam auf dem Schlachtfeld umgebracht. Viele mussten auf grausame Weise sterben, man schlitzte ihnen die Kehle auf und ließ sie verbluten.

Höfisches Leben

Das bunte Treiben an den Höfen der Adeligen übte eine magische Anziehungskraft aus. Hier trafen ehrenwerte Ritter, die sich in der Schlacht und im Turnier bewährt hatten, auf ganz unterschiedliche Personen: Pagen und Knappen, Schreiber und Gelehrte und Bedienstete aller Art. Am Hof des Monarchen gab es zudem unzählige Höflinge, die sich um den Herrscher drängten, sei es, um Recht zu suchen, Schutz oder einfach eine Arbeit. Denn dies war sehr begehrt und rar.

Doch wo residierten die mittelalterlichen Höfe? Im Unterschied zur römischen Spätantike, wo Rom und Konstantinopel feste Residenzen bildeten, war der mittelalterliche Hof mobil. Bis ins späte Mittelalter ritten und fuhren die Mitglieder des Hofes von einer Burg oder Pfalz zur nächsten, blieben eine gewisse Zeit dort, um dann weiterzuziehen, wenn etwa die Vorräte aufgebraucht waren.

Auf engstem Raum

Die Burg war Ausdruck der Macht einer Familie, ein weithin sichtbares Zeichen ihrer Herrschaft. Überall in Europa zeugen Burgen und Ruinen vom einstigen Leben der Könige, Herzöge und Ritter. Zunächst als kleine Befestigungen zum Schutz errichtet, wichen sie später immer imposanteren Steinbauten, die neben ihrer Funktion als Verteidigungsanlage auch repräsentative Zwecke erfüllten. Die natürliche Umgebung, wie Wasser und Felsen, war entscheidend für die Wahl des Bauplatzes, denn die Burg sollte schwer zugänglich sein. Deshalb sind Bergvorsprünge die bevorzugten Orte für den Burgenbau. Wer auf seinem Territorium keine Felsen und Berge hatte, sicherte seine Burg mit Wassergräben. Bewaldete Gebiete, die Feinden Deckung geboten hätten, wurden gerodet. Die ersten Burgen wurden aber nicht aus Stein, sondern aus Holz errichtet, sie waren nicht viel mehr als ein einfacher Turm.

Motte von Dinan auf dem Teppich von Bayeux, 11. Jahrhundert

Die Burg, auch Motte genannt, bot Unterschlupf und Schutz auf allerengstem Raum. Auf den einzelnen Stockwerken konnte man Vorräte, Vieh, die Familie und Bedienstete unterbringen. Von der Turmspitze aus hatte man eine gute Sicht auf sich nähernde Feinde. Zur besseren Verteidigung zog sich rund um die Anlage ein Zaun oder ein Erdwall, vor dem manchmal ein Wassergraben verlief. Die Umzäunung gab Platz und Möglichkeit für weitere Gebäude wie Vorratshäuser, Stallungen und zusätzliche Wohnbereiche.

Der Turm ist die Urform aller Burgen – als Bergfried blieb er in vielen Anlagen erhalten. Nach und nach wurden die Palisaden höher oder man ersetzte sie durch ein Mauerwerk. Die Funktion der Burg lag hauptsächlich in der Verteidigung und Sicherung des umliegenden Landes, aber häufig diente sie zusätzlich der puren Machtdemonstration. Im Laufe der Zeit bildeten sich um die Burgen einzelne Siedlungen, die durch den Schutz zu Städten wurden (Wartburg, Eisenach).

Die Wartburg

Die Wartburg

Das Weltkulturerbe Wartburg gehört zu den geschichtsträchtigsten Orten Deutschlands. Im 12. Jh. als prachtvolle Residenz der mächtigen Landgrafen von Thüringen errichtet, die ihren Hof zu einem Treffpunkt der Minnesänger machte, lebte hier auch eine berühmte Heilige des Mittelalters, Elisabeth von Thüringen, als Landesherrin. Martin Luther verbarg sich nach seinem Bann auf dem Wormser Reichstag einige Monate auf der Wartburg und übersetzte das Neue Testament ins Deutsche. 1817 trafen sich in den Ruinen Studenten zur Reformationsfeier und forderten erstmals die Einheit Deutschlands. Als Nationaldenkmal erlebte die Wartburg in der zweiten Hälfte des 19. Jh. einen glanzvollen Wiederaufbau. Sie kann als Musterbeispiel einer mittelalterlichen Höhenburg und einer stauferzeitlichen Residenz eines Landesfürsten gelten.

Die Ausstattung der Burgen war gemessen an heutigen Vorstellungen äußerst spartanisch und nur wenig komfortabel. Der einzige Wohnraum, der durch einen Kamin beheizt werden konnte, war die Kemenate, der Kaminraum. Die ersten Öfen gab es erst ab Mitte des 13. Jahrhunderts. Die aus Sicherheitsgründen kleinen Fenster ließen allerdings nur wenig Licht in die ansonsten kühlen Räume dringen, was das Wohnen nicht behaglicher machte.

Im hohen Mittelalter gab es auf dem Gebiet des damaligen deutschen Reiches über 10 000 Burgen, viele von ihnen wurden später zu Schlössern umgebaut. Mit der Erfindung der Schusswaffe und dem Verfall des Rittertums verloren sie an Bedeutung. Viele von ihnen verfielen oder wurden als Steinbruch genutzt.

Die Städte wuchsen und ihre freien Bürger strebten nach wirtschaftlichem Aufschwung. Einige Städte entwickelten sich am Fuß einer Burg, in die man sich bei feindlichen Angriffen schützend zurückziehen konnte. Den meisten Nichtadeligen aber, den Bauern und Bürgern, mögen die alten Mauerwerke als Machtsymbol eher abschreckend erschienen sein. Die romantische Verklärung des Mittelalters mit seinen Rittern und Burgfräulein begann erst wieder im 19. Jahrhundert.

Jagen, fürstlich speisen und sich standesgemäß kleiden

Reiche Burgherren legten großen Wert auf eine hochwertige Innenausstattung. Vor allem der große Festsaal, in dem man sich zum Speisen, Tanzen und Spielen traf, wurde aufwändig dekoriert, die Wände mit bunten Teppichen verziert. Das änderte jedoch nichts an der Tatsache, dass es dort im Winter, obwohl man über Glutpfannen und Kachelöfen verfügte, grimmig kalt, feucht und zugig war. Doch trotz fehlender Behaglichkeit und mangelnder Hygiene – die Notdurft musste draußen in einem Aborterker oder auf Toilettentürmen über Jauchegruben verrichtet werden – war die Burg gesellschaftlicher Mittelpunkt. Sehen und gesehen werden lautete schon damals die Devise.

In der Zeit ohne Fehden oder Kriege beschäftigten sich Angehörige des Adels mit Spielen, Tanzen oder der Jagd. Besonders beliebt waren Falkenjagd, Hetzjagd mit Hunden oder Pirsch. Um seiner Jagdleidenschaft zu frönen, kannte der Adel kein Pardon. Manche Bauernaufstände wurden ausgelöst, weil die vom Jagdfieber Getriebenen bei der Hatz auf Hirsche, Rehe oder Wildschweine mitten durch die Saaten preschten, das reife Korn zertraten,

Turniere

Absolute Höhepunkte des ritterlichen Lebens waren die Turniere. Sie wurden normalerweise zur Feier eines festlichen Tages, bei einer Krönung, einer Vermählung, bei der Aufnahme eines jungen Ritters veranstaltet und der dazu festgesetzte Tag lange vorher bekannt geben. Von allen Seiten strömten dann prächtig geharnischte Ritter in Rüstung herbei. Ihre Pferde waren ebenfalls geharnischt, um sie vor Verletzungen zu schützen. Der Platz, auf dem die Turniere stattfanden, war mit Schranken eingezäunt. Die Ritter, die miteinander kämpften, wurden zuvor durch Auslosung oder nach ihrem Rang gepaart. Trompeten gaben das Zeichen zum Start des Spiels. In pompösem Aufzug kamen sie, unter kriegerischer Musik, in die Schranken geritten. Ein Herold rief diejenigen, die zuerst gegeneinander kämpfen sollten, namentlich auf. Den Anfang des Kampfspieles machte das Lanzenstechen. Mit eingelegten (unter die Achsel geklemmt), starken Lanzen, die immer eine stählerne Spitze hatten, und kräftigem Arm, versuchten sich die Ritter gegenseitig vom Pferd zu stoßen.

Zäune niederrissen und auch sonst keine Rücksicht nahmen. Als besonders vornehm galt die Falkenjagd. Nach solchen Jagdveranstaltungen pflegte man wahrhaft fürstlich zu speisen. Die adelige Tafel war nicht jeden Tag so reich gedeckt, aber wurden Feste gefeiert, ließ es sich der Burgherr nicht nehmen, die Tische mit Wild, Fisch, Fleisch und allerlei anderen kulinarischen Köstlichkeiten zu überhäufen. Zu den Höhepunkten vor allem fürstlicher Festessen gehörten Schaugerichte, etwa kunstvolle Aufbauten aus Pastete mit Vögeln, denen nach dem Braten die Federn wieder angesteckt worden waren, oder feuerspeiende Wildschweinköpfe. Man ließ es sich gut gehen.

Darstellung einer Beizjagd in den Très Riches Heures um 1415. Es zeigt den Ausritt einer eleganten Gesellschaft zur Falkenjagd. Die lange Stange, die der Falkner mit sich führt, diente zum Aufschrecken der Vögel.

Das Zusammenleben auf engstem Burgraum erforderte Benimmregeln. Die „Höflichkeit", die „courtois", war geboren. „Stecke nicht ein so großes Stück in deinen Mund, dass die Krumen links und rechts herausfallen", heißt es in einer der vielen damaligen Tischordnungen. Man liest auch: „Schnäuze nicht in das Tischtuch!" und „Sprich nicht mit vollem Mund!" Inwieweit das bei Tisch eingehalten wurde, bleibt im Dunkel der Vergangenheit verborgen.

Der Historiker Arno Borst beschrieb den ritterlichen Alltag auf der Burg folgendermaßen: „Das Leben im Turm spielte sich in lärmendem Gedränge ab. Man saß dicht beieinander auf langen Bänken und griff sich das Fleisch aus der Schüssel mit den Fingern, was übrig blieb, schnappten die Hunde oder fiel ins Stroh, das den kalten Boden deckte. Lesen und schreiben konnten die

Herren selten. Höchstens ließ sich einer vorlesen von gewaltigen Recken, die waren, wie er sie sich wünschte, muskelstark, tollkühn, von unerschöpflichem Appetit. Man war eher abergläubisch als fromm; die Frauen wurden wenig geachtet und viel geschlagen."

Zum höfischen Leben gehörte es natürlich, sich entsprechend zu kleiden. Die adelige Kleidung veränderte sich im Verlauf des Mittelalters immer wieder, sie war der Mode unterworfen. Anfangs unterschied sie sich nicht allzu sehr von der der Bauern, doch im Verlauf der Jahrhunderte wurde sie zum Standesmerkmal. Die Vorbilder kamen aus Byzanz und dem arabischen Orient; sie wurden, mitsamt zugehörigen Materialien, durch die Fernkaufleute importiert. Es handelte sich um farbige Kleidungsstücke mit extravagantem Schnitt. Die Unterschiede zwischen weiblicher und männlicher Garderobe verstärkten sich, wobei die männliche Kleidung meist sehr viel üppiger und farbiger ausfiel als die der Damenwelt.

Ritterturnier in München, 1500

Die Minne

Im Parzival des Wolfram von Eschenbach lesen wir: „Ihr werdet oft die Rüstung tragen; wenn Ihr sie ausgezogen habt, dann müsst Ihr hinterher gewaschen sein unter den Augen und an den Händen – das müsst Ihr tun, um Dreck und Rost vom Eisen loszuwerden. Dann nämlich werdet Ihr wieder höfisch schön. Die Augen der Frauen haben darauf Acht."

Walther von der Vogelweide (aus dem Codex Manesse)

Als eine der wichtigsten höfischen Tugenden galt der respektvolle Umgang mit der höfischen Dame, der „frouwe". Im Liebeswerben des Ritters (Minne) fand sie ihren höchsten Ausdruck. Denn wollte er um seine Angebetete werben, nützten ihm Schwert und Degen herzlich wenig. Dafür musste er sich angemessen benehmen können, natürlich gut und attraktiv aussehen und – die passenden Worte finden, um die Tür zu dem Herzen seiner Angebeteten zu öffnen.

Zwischen dem Ritter und der adeligen Dame entspann sich nicht selten ein geschicktes Spiel des Werbens und Zurückweisens. Erst die Hoffnung des Mannes auf den Liebeslohn ließ ihn aber zum gefeierten Helden auf dem Schlachtfeld werden.

Der Minnesang und die höfische Dichtung sind die literarischen Früchte aus dieser Blütezeit höfischer Kultur. Man lauschte hingerissen den Liedern, die fahrende Sänger bzw. Troubadoure, wie etwa Walther von der Vogelweide, über Glück und Leid der Minne vortrugen. Abenteuerlustige junge Männer, die als freie Ritter mangels eigenen Grundbesitzes durch die Länder zogen, konnten sich mit der Verehrung einer Fürstengemahlin in die höfische Hierarchie ihres Gastgebers eingliedern. Als Lohn lockte zwar in den meisten Fällen nicht das Bett der Besungenen, aber ein freier Platz an der Tafel des Burgherrn war ihnen sicher.

Schrill, bunt, schmutzig: Macht Stadtluft frei?

Der Ansturm auf die Städte

In Köln, der größten deutschen Stadt des Mittelalters, lebten um das Jahr 1000 etwa 10 000 Menschen und im 12. Jahrhundert wahrscheinlich mindestens doppelt so viele. Großstädte mit mehr als 25 000 Einwohnern waren Florenz, Genua, Mailand, Venedig, Padua, Bologna, Neapel und Palermo in Italien, Brügge, Gent, Brüssel, Leuven und Lüttich in den Niederlanden. Die Einwohnerzahl von Paris erreichte damals keine andere Stadt. Mehr als 100 000 Menschen drängten sich Mitte des 13. Jahrhunderts an der Seine zusammen, in engen, stinkenden Gassen und dunklen, miefigen Behausungen. Aller Unrat landete auf den Straßen, wo ihn die Schweine durchwühlten und das, was noch fressbar war, verschlangen. Die Schar der Armen war riesengroß und organisierte kriminelle Banden machten die ärmlichen Quartiere unsicher. Schausteller, Gaukler und jede Menge Huren bevölkerten die Märkte. Angesichts der damaligen Hygiene-, Sicherheits-, Verkehrs- und Ernährungsverhältnisse dürfte das alltägliche Leben in Paris wie in anderen Städten nur schwer erträglich gewesen sein.

Daneben blühten aber auch Handwerk und Gewerbe, wie in jeder anderen mittelalterlichen Stadt organisiert in Zünften und Gilden. Die reichste und politisch mächtigste Schicht stellten die Kaufleute. Auch in der Stadt, meist von einer Befestigungsmauer mit Wachtürmen umgeben, gab es aufgrund von Hierarchien Einschränkungen, allerdings zeigten sich diese durchlässiger als auf dem Land. Vielleicht übten die Städte gerade deshalb im Spätmittelalter eine besondere Anziehungskraft auf ärmere Landbewohner aus. Hier gab es keine grundherrschaftlichen Bindungen wie im Dorf und so manch einer versuchte, seinen großen Traum von Wohlstand und einem besseren Leben zu verwirklichen.

Machte Stadtluft frei? Der Rechtsgrundsatz im Mittelalter, dass Leibeigene in der Stadt „nach Jahr und Tag" nicht mehr zurück zu ihren Dienstherrn mussten, galt nicht überall. In französischen Städten wurden um 1200 weder unehelich Geborene noch entflohene Leibeigene aufgenommen. Überall hatte der Feudalherr ein Jahr Zeit, seine entflohenen Leibeigenen wieder einzufangen. Bevor man in den Genuss der städtischen Privilegien kam, musste man das Bürgerrecht erwerben. Dies setzte eine Zulassung, eine Patenschaft, einen Wohnsitz, die Zugehörigkeit zu einer Zunft oder sogar den Erwerb eines Hauses voraus. Zum Stadtvolk zu gehören, wurde den Menschen im Mittelalter nicht leicht gemacht.

Mittelalterliche Stadtmauer in Köln (Aquarell von Wilhelm Scheiner)

Recht und Ordnung

Im römisch-deutschen Reich war Köln die größte Stadt. Nürnberg, Regensburg, Augsburg, Lübeck, Hamburg und andere folgten. Mittelalterliche Städte waren Orte für Handel und Handwerk. Vor ihren Toren siedelten Bauern, die ihre Produkte auf den Märkten verkauften. Wohlhabende Händler und Handwerker stellten die Oberschicht, aus der wiederum die Mitglieder des Rates, das wichtigste Organ der städtischen Selbstverwaltung, rekrutiert wurden. Die innere Ordnung der mittelalterlichen Stadt wurde durch das Stadtrecht gewährleistet. Es regelte detailliert das Zusammenleben der Bürger. Über dessen Einhaltung wachte nicht nur der Stadtherr selbst, sondern auch die organisierte Bürgerschaft, die Gemeinde oder Kommune. Eigene Stadtsiegel waren Symbol dafür, wie sehr sich die Bürgerschaft zum eigenen Rechtskörper und in Konkurrenz zum Stadtherrn entwickelte.

An herausragender Stelle der bürgerlichen Selbstverwaltung standen zunächst ein Schöffenkolleg und ein Verband der bedeutenden Mitglieder der Oberschicht (Patriziat). Im 13. Jahrhundert jedoch hatte sich fast überall die Ratsverfassung durchgesetzt. Köln war 1216 die erste Stadt, die einen gewählten Rat mit der Aufsicht über die Stadtverwaltung betraute. Ratsfähig waren nur Mitglieder der Oberschicht.

Eine der wichtigsten Voraussetzungen für die Aufnahme waren Haus- und Grundbesitz, da die Tätigkeit im Rat eine ehrenamtliche war. Dass im Laufe des Spätmittelalters auch Vertreter der „Mittelschicht", etwa wohlhabende Handwerker in die städtischen Ämter drängten, sorgte vielerorts für Konflikte mit den Patriziern, die sich in der Folge immer stärker nach unten hin abzugrenzen begannen.

Bildnis eines Kaufmanns, Augsburg um 1530

Der gute Kaufmann

„Ich sage, dass ich sowohl dem König und seiner Gemahlin, als auch den Herzögen und Reichen und allem Volk nützlich bin. Wie das? Ich besteige mit meinen Waren das Schiff, überquere das Meer, verkaufe meine Sachen und kaufe wertvolle Sachen ein, wie es sie hierzulande nicht gibt. Ich bringe sie euch mit großer Gefahr über die See hierher, und bisweilen erleide ich Schiffbruch mit Verlust aller meiner Waren – kaum, dass ich mein Leben rette. Welche Dinge bringst du uns? Purpur und Seide, Edelsteine, Gold und Silber, verschiedenes Gewand und Farben, Wein, Öl und Pfeffer, Elfenbein und Goldbronze, Erz und Zinn, Schwefel und Glas und dergleichen. Willst du deine Waren hier so verkaufen, wie du sie dort gekauft hast? Gewiss nicht! Was würde mir dann meine Mühe nützen? Sondern teurer will ich sie hier verkaufen, als ich sie dort gekauft habe, um mir einen Gewinn zu erwerben, womit ich meine Frau und meine Kinder ernähren kann." (Aus: Aelfric „Gespräche", um 1000)

Der Geldwechsler und seine Frau (Bild von Marinus van Reymerswaele, 16. Jahrhundert)

Geldwirtschaft und Bankwesen

Seit dem hohen Mittelalter funktionierte die städtische Wirtschaft mehr und mehr als Geldwirtschaft. Damals kursierte in Europa eine Fülle von Währungen. Kaufleute waren zu dauernden und verlustreichen Wechseln gezwungen. Hinzu kam eine Vielzahl von Wegzöllen, welche die eingeführten Waren zusätzlich verteuerten.

Ein Kaufmann, so P. Dinzelbacher, der die wichtigste mitteleuropäische Verkehrsader, den Rhein, in seiner ganzen schiffbaren Länge nutzte, musste im späten Mittelalter an 19 Zollstellen zahlen, 100 Jahre später an 44, und nochmals 100 Jahre später an 64! Durch regelmäßige Münzverrufungen zwangen die Regierenden ihre Bürger, das im Umlauf befindliche Geld gegen neue Münzen einzutauschen – in der Regel zu deren Ungunsten.

Von den Geldwechslern Italiens ausgehend, entwickelte sich im späten Mittelalter in den großen Städten auch das Bankwesen. Nun konnte man an einem Ort Geld einzahlen und in einem fremden Land in fremder Währung Geld abheben. Die Kirche verbot den Bankiers allerdings, Zinsen zu nehmen und predigte: „Der Wucherer aber ist wie eine alt gewordene und durchlöcherte Börse, die man zuletzt in den Dreck wirft. Ähnlich ist der Wucherer nichts anderes als seine Geldbörse, wegen der Härte seines Wuchers wird er in der Seele durchbohrt. Nachdem das Geld in die Hand seines Herrn oder seiner Frau oder seiner Kinder gefallen ist, dann wird er in den Dreck der Hölle geworfen. Daher singt man beim Begräbnis vergeblich für die Seele eines Wucherers von der ewigen Ruhe ..."

Bankiers umgingen das Zinsverbot, indem sie „freiwillige Geschenke" annahmen. 1486 schließlich genehmigte der Papst zehnprozentige Zinsen, nachdem Geldgeschäfte eine zunehmend bedeutende Rolle eingenommen hatten.

Handel und Kaufleute

Handel und Handwerk bildeten in der mittelalterlichen Stadt das wirtschaftliche Rückgrat. Eine entscheidende Rolle dabei spielte der Fernhandel: Man denke nur an die kommerziellen Metropolen des Spätmittelalters wie das Florenz der Medici, das Nürnberg der Fugger und das Augsburg der Welser. Kaufleute waren meist gut angesehen und als Patrizier gehörte ihnen oftmals das Stadtregiment. Sie spendeten für Kirchen und deren Ausstattung, sorgten sich um Arme und übernahmen viele ehrenamtliche Tätigkeiten. Keiner wollte sie mehr missen. „Wir brauchen die Kaufleute, denn sie schaffen die Dinge, die wir benötigen, von einem Land ins andere", predigte Berthold von Regensburg im 13. Jahrhundert.

Der Kaufmann und Kunstliebhaber Matthäus Schwarz (links) mit Jakob Fugger in der „Goldenen Schreibstube" der Fugger

Aber es gab auch kritische Stimmen und Misstrauen gegenüber den Großverdienern, von denen die Beschimpfungen „Wucherer", „Betrüger" oder „feiste Pfeffersäcke" künden. Zu den bedeutendsten Kaufmanns- und Bankiersfamilien, die aufgrund ihres Reichtums höchsten politischen Einfluss besaßen, zählten die Fugger aus Augsburg, die ihr Unternehmen mit dem Baumwollhandel mit Italien begründeten. Sie engagierten sich karikativ und

Porträt der Eheleute Jakob Fugger von Thoman Burgkmair, um 1500

Ihren großen Erfolg verdankte die Hanse u. a. auch dem Einsatz von Koggen.

ließen die erste echte Sozialsiedlung Deutschlands, die sogenannte Fuggerei, errichten. Der Sohn Jakob Fugger betrieb einen schwunghaften Handel mit Tuchen sowie Gewürzen; 1473 bahnte Ulrich (1441–1510) die einträglichen Geschäftsbeziehungen der Fugger mit dem Hause Habsburg an. Fugger sorgte für die Ausstattung Kaiser Friedrichs III., seines Sohnes Maximilian und des Gefolges für die Prunkhochzeit mit Maria von Burgund. Seitdem durfte Ulrich Fugger das Lilienwappen tragen.

Das mittelalterliche Stadtbild prägten kleine Krämer, die in Läden und Buden ein umfangreiches Sortiment verkauften. Organisiert waren sie in Genossenschaften, etwa der Hanse.

Von Altflickern und Semmelbäckern

Schon vor dem Wiederaufleben der Stadtkultur nach der großen Pest im 14. Jahrhundert hatte es Wanderhandwerker gegeben, die in Dörfern und an Höfen der Adeligen ihre Dienste anboten. Meist waren sie nur mäßig spezialisiert und produzierten deshalb ausschließlich für den lokalen Markt. Seit dem Hochmittelalter differenzierten sich die einzelnen

Die Hanse

Um ihre Interessen besser durchsetzen zu können, hatten sich Kaufleute bereits im 11. Jahrhundert zu Kaufmannsgenossenschaften zusammengeschlossen. Auch die Hanse (althochdeutsch hansa = Gruppe) war so eine Vereinigung, in die immer mehr Handelsstädte aufgenommen wurden. Bereits im 13. Jahrhundert war die Hanse ein selbstbewusstes Städtebündnis. Ein Jahrhundert später war sie eine Großmacht im Nord- und Ostseeraum. 1356 wurde aus dem lockeren Staatenbund der Bund „van der düdeschen Hanse" unter der Leitung Lübecks. Gut 70 Städte, darunter Hamburg, Köln, Rostock, Stralsund, Visby und Stockholm gehörten dazu. Die Hanse beherrschte den Seehandel bis hin zum Schwarzen Meer. Auf ihren hochseetauglichen Koggen transportierte man Getreide, Pelze, Heringe, Tuch, Salz und vieles mehr.

Handwerkszweige immer mehr. So gab es bei den Schmieden beispielsweise Grob- und Feinschmiede, Gold- und Kupferschmiede, Messer-, Sensen-, Hacken-, Zirkel- und Nadelschmiede, Schwert- und Harnischfeger, Sporenmacher, Zinngießer, Spengler, Kannengießer usw. Von den Schuhmachern, die neues Schuhwerk anfertigten, sonderten sich die nur mit Reparaturen befassten Altflicker ab. Es gab Weiß- und Semmelbäcker neben Roggenbrotbäckern. Derartige Spezialisierungen führten schließlich zu einer höheren Produktivität und zu qualitativ hochwertigerer Ware. Die Spezialisten schlossen sich in Zünften oder Gilden zusammen. Meist lebten sie Tür an Tür in bestimmten Gassen oder Stadtvierteln. Gleiche Gewerbe befanden sich meist im gleichen Quartier, bei einigen ergaben dies bereits die Umstände: Gerber und Färber etwa benötigten für ihre Arbeit fließendes Wasser.

Die Zünfte waren gleichermaßen soziale Lebens- und Hilfsgemeinschaften wie religiöse Vereinigungen. Unschuldig in Not geratene Mitglieder wurden unterstützt. Die Zunft sorgte auch für ein ehrbares Begräbnis und trat bei Feiern als Gruppe in Erscheinung. Jeder, der ein Handwerk ausüben wollte, musste einer Zunft angehören. Meister waren ausschließlich Männer; Witwen konnten manchmal den Betrieb weiterführen. Typische Frauenberufe wie Hebamme, Wäscherin oder Stickerin waren nicht zünftig. Nur in Paris existierten im späten Mittelalter eine Frauenzunft, in Köln vier Frauenzünfte, die alle im Bereich des Textilgewerbes ausbilden durften. Gearbeitet wurde 12 bis 14 Stunden an sechs Tagen die Woche.

Mittelalterliche Darstellung eines Semmelbäckers

Juden, fahrendes Volk und andere „Fremde“

Eine andere Religion oder ein „unehrlicher“ Beruf, ein Beruf ohne Ansehen: Viele Menschen des Mittelalters standen allein deshalb außerhalb des gesellschaftlichen Gefüges. Es waren unter anderem Juden, Gaukler, Bader, Henker, Abdecker, Dirnen, Aussätzige und Ketzer, die nicht in die göttliche Ordnung zu passen schienen.

Die jüdische Bevölkerung nahm trotz der verheerenden Pogrome im Zuge der Kreuzzugshysterie des späten 11. und frühen 12. Jahrhunderts vor allem im Reich zu, während es in England und Frankreich zu blutigen Verfolgungen kam. In den deutschen Städten war die Mehrheit jüdischer Bewohner als Händler tätig, die nicht nur mit Pelzen und Stoffen aus dem Osten Handel trieben, sondern sich auch als Geldverleiher einen Namen machten. Sie waren auf der einen Seite hoch geschätzte Handelspartner, die Geld in die Stadtkasse brachten, auf der anderen Seite erhielten sie das Bürgerrecht nie und waren als Wucherer verschrien. Darstellungen von Juden aus dem Mittelalter unterstreichen dies: Juden wurden mit Hakennase, einem Geldsäckel, einem Schächtmesser oder einer Binde über den Augen dargestellt. Sie galten als Christusmörder, als Brunnenvergifter und Hostienfrevler. Sie lebten in eigenen Gassen und Vierteln meist am Rande der Stadt und genossen den besonderen Schutz des römisch-deutschen Kaisers. Als Kaiser Karl IV. im 14. Jahrhundert diesen an die Städte verkaufte, wurden immer mehr Juden vertrieben.

Leute mit unehrlichem Beruf durften keine Zünfte bilden oder sich in einer anderen Form zusammenschließen. Betroffen waren in erster Linie Tätigkeiten, die unangenehm, schmutzig und moralisch verwerflich schienen. Abdecker, Totengräber und Prostituierte waren tabuisiert, aber kein Beruf galt als so ehrlos wie der des Henkers bzw. Scharfrichters. Der Tätigkeit des Henkers haftete so viel Angst, Abscheu und Entsetzen an, dass er und seine Gehilfen geradezu von einer „Aura des Grauens“ umgeben waren. Nicht nur die Folter und Hinrichtung fielen in sein Aufgabengebiet, oft war er für die Reinigung der Kloaken verantwortlich. Viele von ihnen betätigten sich auch als Bader oder Zahnreißer, was auch diesen Berufen schnell den Ruf der Unehrlichkeit einbrachte. Zum Bader ging, wer einen schmerzenden Zahn hatte oder eines Aderlasses bedurfte. Auch Rasur und Haareschneiden übernahm er gerne, wie auch das Betreiben einer Badestube, die im Ruf unzüchtigen Treibens stand. So manches Badehaus diente tatsächlich nicht allein der körperlichen Reinigung und dem geselligen Beisammensein, auch Prostituierte boten dort ihre Dienste offen an. Daneben gab es in den Städten aber auch Bordelle.

Das Volk liebte die Spiele und Tänze, die sie auf den Märkten vorführten: Gaukler, Musikanten und Spielmänner standen deshalb außerhalb der Gesellschaft, weil die Kirche sie für „Diener des Satans“ hielt, die Menschen zu verwerflichem Tun anleiten würden. Die Stadtbevölkerung jedoch genoss ihre Vorstellungen, sorgten sie doch für Abwechslung im tristen Alltag. Man ging zur Hellseherin oder gönnte sich ein Spielchen. Öffentliche Hinrichtungen wurden als unterhaltsames Schauspiel gerne besucht, etwa im Herbst 1376 in Augsburg.

„Jüdische Schnorrer“ von G. Sundblatt

Badehausszene aus dem Factorum Dictorumque Memorabilium des Valerius Maximus (Bibliothèque nationale de France, Paris)

P. Jankrift berichtet: „Gespannt waren die Schaulustigen zur Richtstätte in Lauingen an der Donau gekommen ... Der Delinquent hatte sich einer Straftat schuldig gemacht, die mittelalterliche Gerichte oft mit aller Härte bestraften: Er hatte die Siegel der Stadt Augsburg gefälscht. Nun erwartete ihn der Tod in einem Kessel mit siedendem Öl."

Lepra war im Mittelalter eine häufige Krankheit und die Kranken wurden als Aussätzige behandelt. Man ging davon aus, dass diese Krankheit im Rahmen außerehelichen Geschlechtsverkehrs übertragen wurde und eine Strafe für begangene Sünden war. So wurden schon früh im Mittelalter Bettelverbote für Aussätzige ausgesprochen. In manchen Städten nahm man Erkrankte in Leprosen- oder Siechenhäuser auf. Ähnlich schlecht erging es vermutlich den Geisteskranken und „Besessenen".

Alltag in der Stadt

Ein Bürger, der tagsüber außerhalb der Stadtmauer beschäftigt war, musste noch vor Einbruch der Dunkelheit zurück sein, denn die bewachten Stadttore, die aus der die Stadt umgebenden Mauer herausragten, wurden nach Sonnenuntergang geschlossen, um kriminelles Gesindel fernzuhalten. In der Stadt, vor allem rund um den Marktplatz, standen wenige mehrstöckige, geräumige Steinhäuser, in denen die Patrizier zu Hause waren. Im Erdgeschoss befand sich meist ein Laden, der erste Stock diente als Wohnung, Keller und Dachboden der Vorratshaltung. Die einfachen Leute und Armen mussten dagegen mit zweigeschossigen, schmalbrüstigen Ständerbauten aus Holz vorlieb nehmen, in deren Behausungen kaum Licht einfiel und die immer wieder Feuersbrünsten zum Opfer fielen. In ihnen drängten sich die Mitglieder der Familie mit Gesellen und Lehrling meist in einem Raum zusammen. Man musste sich also daran gewöhnen mit Nachbarn unterschiedlichster Lebensumstände und Berufe zusammenzuleben. Die Einrichtung war genauso ärmlich wie in den bäuerlichen Haushalten, es wird nicht mehr als eine Truhe, Regale, Tisch und Bettgestell gegeben haben. Auf engstem Raum lebten die Menschen zusammen. Lebensqualität? Dieser Begriff ist in der mittelalterlichen Stadt ein Fremdwort.

Zur Versorgung der Stadt mit Trinkwasser gab es auf zahlreichen Plätzen Brunnen, um die herum sich ein buntes Treiben abspielte. Die häusliche Wasserversorgung war meist Privatsache und wurde über Gemeinschaftsbrunnen sichergestellt, die sich meist unweit der Abtritte befanden. Die Stadtväter waren sich der Gefahr der Verjauchung bewusst und so forderte beispielsweise der Rat von Nürnberg im Jahr 1479 einen Abstand von drei Schuh (ca. 1 Meter) zwischen Brunnen und Abort. Hausmüll, Unrat, Schutt, Mist und Tierkadaver wurden einfach auf die Straße geworfen, die meist aus gestampftem Lehm bestand. Die städtischen Obrigkeiten waren bemüht, durch Verbote und Gebote sowie Androhung hoher Geldstrafen die Bürger zur Reinhaltung der Straßen anzuhalten. In Polizeiverordnungen kehrte stets die Mahnung wieder: „Bürger, werft den Unrat Eurer Häuser nicht auf die Straße!“, „Lagert den Mist nicht vor den Häusern Eurer

Der Augsburger Perlachplatz im Spätmittelalter

Nachbarn ab!“ Aber wohin damit? Die Ablagerung in den Stadtgräben war ebenfalls untersagt, stattdessen sollte der Unrat aus der Stadt hinaus geschafft werden. Dies war kein leichtes Unterfangen, denn in einem mittelalterlichen Haushalt kamen doch sehr viel mehr Abfälle zusammen als heute. In der mittelalterlichen Stadt war die Lebenshaltung ähnlich wie die auf dem Land und anfangs waren die städtischen Häuser den Häusern in den Dörfern völlig gleich. Auch später noch hatte manches Bürgerhaus seine Scheune mit Schweinen, Gänsen und Enten.

Für die Müll- und Abfallbeseitigung waren die Hauseigentümer zuständig, die sich dieser Aufgabe aber gerne entzogen, war sie doch mit Kosten verbunden. Die Städte wollten durch Anlage von Kanälen, durch Pflasterung der Straßen und Plätze sowie durch die Errichtung gekennzeichneter Deponien den Grad der Sauberkeit erhöhen und die Müllbeseitigung durch zentrale Maßnahmen steuern.

Paris der kleinen Leute

„Diese sollten dann aber auch die Viertel besuchen, in denen das mindere Volk, der gemeine Mann, die armen Leute lebten. Dort fänden sie enge Straßen, die höchstens sechs bis zehn Meter breit waren, in deren Mitte in einem Graben stinkende Abwässer flossen und die, zumindest in Nordeuropa, nur selten gepflastert waren. Aus den vorkragenden Fenstern wurden der Abfall und das Schmutzwasser einfach auf die Gasse befördert. Die Passanten waren vor diesen unangenehmen Überraschungen nur unter den Vordächern auf dem erhöhten Pflastersteig sicher. Wenn es denn einen solchen überhaupt gab, überließ man ihn vor allem den Damen. Als Abfallbeseitiger betätigten sich vor allem die Hunde, manchmal sogar frei laufende Schweine. Erst im 14. Jahrhundert werden Straßenkehrer diesen Unrat wegkarren. Auf diesen Straßen herrschte immer Betrieb. Fässer werden gerollt, Holz gestapelt, Anlieger kommen sich in die Quere, Eselskarren begegnen Handwägelchen, Reiter bahnen sich ihren Weg durch die Menge. In der Nacht spannt man Ketten über die Straße, ohne dass diese rechten Schutz böten. In einigen Fassadennischen flackern Laternen. Alles ist verschmutzt und stinkt.“ (Zit. nach Robert Fossier: Das Leben im Mittelalter)

Der Markt als Mittelpunkt

Schauplatz und Mittelpunkt des mittelalterlichen Städtelebens war der Markt mit Rathaus, Kirche und angrenzendem Kirchhof. Auf ihm konzentrierte sich der Handel, hier wurde Gericht gehalten. Zusammenkünfte, Versammlungen – das ganze öffentliche Leben spielte sich hier ab. Nahrungsmittel und Leckerbissen wurden hier feilgeboten, aber auch Stoffe, Schuhe, Leder, Töpfereien usw. In manchen Städten, besonders in Italien, stellten die Wechsler auf dem Markt ihre Buden auf. Für die Reinlichkeit wurde so gut wie möglich gesorgt, da man erkannt hatte, dass dort, wo Lebensmittel verkauft werden, leicht gefährliche Krankheitsherde entstanden. Nicht nur vor minderwertigen Nahrungsmitteln versuchte die Stadt ihre Bürger zu schützen. Sie musste auch dafür sorgen, dass die Nahrungsmittel in ausreichender Menge vorhanden waren. Der öffentliche Brunnen auf dem Markt war Mittelpunkt des alltäglichen Geschehens. Hier besorgte man sich nicht nur Wasser, sondern tauschte auch Informationen aus.

Der Hochzeitstanz von Pieter Bruegel dem Älteren

Feste waren in der Stadt ebenso zahlreich wie auf dem Land. Es gab die besonderen, aufwändigen Feiern der Zünfte, es gab den Karneval, Messen, Jahrmärkte und viele andere Vergnügungsangebote. Die Möglichkeiten der Zerstreuung waren vielfältig: Wirtshäuser, Badestuben, Tanzdielen und Bordelle sorgten im Mittelalter für Abwechslung vom Alltag. Das Trinken war eine weitverbreitete Gewohnheit, ebenso das Tanzen und vor allem das Spielen mit Würfeln und Karten. Trotz bestehender Verbote versammelte man sich heimlich, um seiner Leidenschaft nachzugehen. „Die einzigen Gebrechen Londons sind maßlose Trunksucht von Dummköpfen und häufige Brände", schrieb der Londoner Kleriker William Fitzstephan Ende des 12. Jahrhunderts und fuhr fort: „Die in den einzelnen Gewerben Tätigen, die Warenverkäufer, die Lohnarbeiter, sie alle verteilen sich jeden Morgen auf verschiedene Stellen. Außerdem gibt es in London am Flussufer, dort wo auf Schiffen und in Weinkellern Weine zu kaufen sind, eine öffentliche Küche. Da kann man täglich je nach Jahreszeit Lebensmittel finden, ganze Gerichte, Gebratenes, Gebackenes, Geröstetes, Gesottenes, große und kleine Fische, zäheres Fleisch für die Armen, für die Reichen feineres von Wild und großen und kleinen Vögeln."

Im Wirtshaus

„Unter dem Einfluss von Alkohol kam es häufig zu handfesten Auseinandersetzungen, wie z. B. im Gasthaus eines Trierer Schöffen. Herein kam ein Franzose oder Italiener, ließ sich Wein bringen und nahm sich selbst, ohne jemanden zu fragen, ein Stück Speck oder Salzfleisch. Als nach dem Abendessen die Wirtsmagd mit dem Italiener abrechnen wollte und sah, dass er nicht korrekt bezahlen mochte und die Bezahlung des Salzfleisches, das er sich genommen hatte, schon verweigerte, rief sie den Hausknecht, damit der mit dem Italiener abrechne. Der Italiener sagte, als der Hausknecht zum Abrechnen kam: Was mischt du dich in meine Angelegenheiten? Weil ich hier der Hausknecht bin! Da schlug der Italiener ihn zweimal und wollte sein Messer ziehen – doch da holte der andere in Notwehr zu seiner Verteidigung das Hämmerchen hervor, das die Knechte in dieser Gegend für ihre Arbeit immer bei sich tragen, und schlug den Italiener damit auf den Kopf …" (Zit. nach Arnold Esch)

Der Tod

Das Sterben war zu jener Zeit allgegenwärtig, ob durch Kriege, Krankheiten oder Hungersnöte. Hinzu kam die hohe Säuglingssterblichkeit. Lag ein städtischer Bürger im Sterben, nahmen Angehörige und Gesinde von ihm Abschied. Weihwasser wurde verspritzt, um die bösen Geister zu vertreiben, und die Fenster weit geöffnet, damit die Seele ungehindert entweichen könne. Die Sterbeglocke läutete und eine Totenwache zog auf. Der Leichenansager lief umher und verkündete den Tod. Die Bestattung, die innerhalb von drei Tagen erfolgen musste, wurde dann durch Angehörige der Zunft oder durch Begräbnisbruderschaften vorgenommen. Nach der Totenwache wurde der Leichnam auf den Kirchhof an das offene Grab getragen, das bis ins 14. Jahrhundert noch ein Massengrab war. Wichtige Persönlichkeiten, wie Angehörige des hohen Adels, wurden allerdings in steinernen Sarkophagen im Boden der Kirche beigesetzt.

Ein Totengräber im Mittelalter

Vor dem Grab wurde der Verstorbene mit Weihwasser bespritzt, der Priester las die Totenmesse und dann ging es zum Leichenschmaus. Nach der Pestepidemie gab es auch für normale Bürger Einzelgräber. Auf dem Friedhof lagen Arme und Reiche, Kinder und Erwachsene, Ledige und Verheiratete getrennt, ungetaufte Kinder wurden außerhalb der Friedhofsmauer beigesetzt.

Heilkunst und Aberglaube: Medizinische Versorgung

Das große Sterben

Unter allen Geißeln, welche die Menschen des Mittelalters heimsuchten, war der schwarze Tod mit Abstand am verheerendsten. Er war Mitte des 14. Jahrhunderts der Beginn einer Reihe von Epidemien, die ein Massensterben zuvor unbekannten Ausmaßes zur Folge hatten. Die Pandemie breitete sich zwischen 1345 und 1350 über die Handelswege über ganz Europa aus und entvölkerte ganze Landstriche. In Italien hinterließ sie ein Bild des Grauens, bevor 1348 der Erreger auch das deutschsprachige Reichsgebiet erreichte. Der Zeitzeuge Boccaccio hat in seinem Werk „Decamerone" eindrucksvoll geschildert, wie nach dem Ausbruch der Pandemie viele Einwohner von Florenz ihren sozialen Verpflichtungen nicht mehr nachkamen: „Wir wollen darüber schweigen, dass ein Bürger den anderen mied, dass fast kein Nachbar für den anderen sorgte und sich selbst Verwandte gar nicht oder nur selten und dann nur von weitem sahen. Die fürchterliche Heimsuchung hatte eine solche Verwirrung in den Herzen der Männer und Frauen gestiftet, dass ein Bruder den anderen, der Onkel den Neffen, die Schwester den Bruder und oft die Frau den Ehemann verließ; ja, was noch merkwürdiger und schier unglaublich scheint: Vater und Mutter scheuten sich, nach ihren Kindern zu sehen und sie zu pflegen – als ob sie nicht die ihren wären (...) Viele starben, die, wenn man sich um sie gekümmert hätte, wohl wieder genesen wären. Aber wegen des Fehlens an ordentlicher, für den Kranken nötiger Pflege und wegen der Macht der Pest war die Zahl derer, die Tag und Nacht starben, so groß, dass es Schaudern erregte, davon zu hören, geschweige denn es mitzuerleben."

Eine Strafe Gottes

Krankheiten galten als Strafe Gottes. Und da es keine wirksame Medizin gab, wurden für viele Gebete, Bittgottesdienste und Prozessionen zur letzten Hoffnung. Die machtlosen Ärzte versuchten der Seuche mit Aderlass, Ausbrennen der Pestbeulen und verschiedenen Tinkturen Herr zu werden. Man schützte sich mit Kräuter-Gesichtsmasken, langer Gewandung, Handschuhen und Kopfbedeckung. Durch vielfältige Maßnahmen, wie etwa dem Verbot von Tanzveranstaltungen, versuchte man die Ausbreitung einzudämmen.

Miniatur in einem Gebetbuch (15. Jahrhundert). Papst Gregor I. leitet eine Prozession rund um Rom, um das Ende der Pest zu erflehen.

Auf deutschem Boden gesellten sich der Pest unheilvolle Begleiterscheinungen hinzu: Blutige Judenpogrome und die Züge der Geißler bzw. Flagellanten.

So verbreitete sich das Gerücht, Juden hätten die Brunnen vergiftet und auf diese Weise das Massensterben hervorgerufen. Zwar verbot Papst Clemens VI., Juden zu ermorden und sich ihrer Habe zu bemächtigen, da Juden und Christen gleichermaßen an der Pest sterben würden, doch die Päpstliche Bulle fiel nicht auf fruchtbaren Boden. Die Menschen suchten nach einem Sündenbock. Es kam zu blutigen Pogromen.

Pest als Heimsuchung

Der Chronist und Dominikaner Heinrich von Herford (1300–1370) schreibt sehr anschaulich über die Geißler: „Jede Geißel war eine Art Stock, von welchem drei Stränge mit großen Knoten vorne herabhingen. Mitten durch die Knoten liefen von beiden Seiten sich kreuzende, eiserne, nadelscharfe Stacheln, die in der Länge eines Weizenkorns oder etwas mehr aus den Knoten ragten. Mit solchen Geißeln schlugen sie sich auf den entblößten Oberkörper, sodass dieser bau verfärbt und entstellt anschwoll und das Blut nach unten lief und die benachbarten Wände der Kirche, worin sie sich geißelten, bespritzte. Zuweilen trieben sie sich die eisernen Stacheln so tief ins Fleisch, dass man sie erst nach wiederholten Versuchen herausziehen konnte."

Im Gefolge der um sich greifenden Pest entstanden religiöse Laienbewegungen wie die Flagellanten. Meistens von Klerikern angeführt, zogen sie in Gruppen mit Geißeln in der Hand und barfuß übers Land, um in den Kirchen mit Bußgesängen und Gebeten göttliche Gnade zu erflehen. Zu den religiösen Praktiken ihrer Anhänger gehörte die öffentliche Selbstgeißelung, um auf diese Weise Buße zu tun und sich von begangenen Sünden zu reinigen. 1349 verbot Papst Clemens VI. das Geißeln und autorisierte das obrigkeitliche Einschreiten gegen die als ketzerisch angesehene christliche Laienbewegung.

Pogrom gegen Juden im Jahre 1349 – Darstellung einer jüdischen Chronik

Den Tod stets vor Augen

Nicht nur die Pest, sondern auch viele andere Infektionskrankheiten konnten das Leben schon in jungen Jahren abrupt beenden. Weitverbreitet war z. B. die chronische Infektionskrankheit Lepra. Man versuchte die Ansteckung einzudämmen, indem man die Betroffenen in speziellen Siechen- und Leprahäusern isolierte. Dort vegetierten die Erkrankten, von Almosen und Lebensmittelspenden der Bürger und Kirchen versorgt, elendig vor sich hin.

Auch das sogenannte Antoniusfeuer, das Magen-Darm-Störungen und zentralnervöse Symptome verursachte, brachte hohe Opferzahlen. Die Ursachen für sein Ausbrechen waren hauptsächlich Armut und Hunger. Für viele Leute bestand die Nahrung größtenteils aus Getreide, das in Form von Brot oder Brei verzehrt wurde. War das Getreide, etwa nach Missernten, knapp, wurde alles, was man finden konnte, zu Mehl vermahlen, auch das mit einem Pilz befallene Mutterkorn. Damit drang die Krankheit in den Körper ein und löste schließlich heftige, brennende Schmerzen aus. Die Ärzte versuchten der Krankheit durch Amputation der betroffenen Körperteile Herr zu werden – meist mit nur wenig Heilungserfolg.

Auch die Ruhr raffte eine Vielzahl von Menschen dahin. Ganze Heere fielen dieser Darmerkrankung, auch Blutfluss genannt, zum Opfer. Gegen Ende des 15. Jahrhunderts tauchten erstmals zwei neue Infektionskrankheiten auf: Syphilis und Englischer Schweiß. Die Syphilis, auch Franzosenkrankheit genannt, wurde durch Geschlechtsverkehr übertragen und war vor allem in adeligen Kreisen weitverbreitet, in denen man es mit der Monogamie nicht so genau nahm. Die Wundärzte begegneten dieser Erkrankung mit schmerzhaften Kuren mit Quecksilber und Guajakholz.

Detail des Isenheimer Altars aus dem 16. Jahrhundert. Es zeigt einen an Antoniusfeuer Leidenden.

Die hoch infektiöse und rasch tötende Infektionskrankheit Englischer Schweiß äußerte sich zeitgenössischen Berichten zufolge durch Schüttelfrost, hohes Fieber, Herzrasen, Magenkrämpfe und schließlich das Ausbrechen eines übel riechenden Schweißes. Englischer Schweiß, oft wurde diese Krankheit auch als die zweite Pest bezeichnet, schwappte 1529 von England nach Europa über, wo sie sich rasch verbreitete. So tötete die Infektion in Hamburg innerhalb von vier Tagen 400 Menschen und in Köln im Verlaufe einer Messe über 1500 Besucher. Schwitzkuren und Abführmethoden sollten die Genesung einleiten.

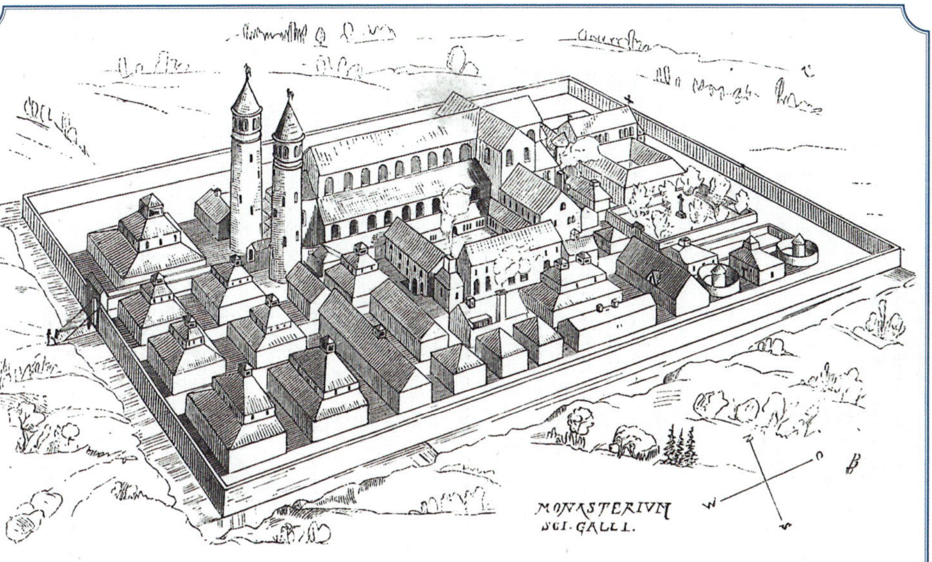

* Kloster Sanct Gallen nach dem Grundrisse vom Jahre 830. (Lasius).

Rekonstruktionszeichnung des Klosters Sankt Gallen nach dem Grundriss des Sankt Galler Klosterplans aus dem frühen 9. Jahrhundert

Die Zeit der Klostermedizin

Mönche und Nonnen waren über Jahrhunderte die einzigen, die die medizinische Versorgung der Menschen übernahmen. Die Ordensleute studierten das Wissen der antiken Heilkunde, vertieften ihre Kenntnisse durch eigene Forschungen und unterwiesen sich gegenseitig. Die Klostermedizin verbindet die Lehre von den Heilkräutern, Arzneipflanzen und der Ernährungskunde mit ganzheitlicher Medizin. Vorbilder waren der Grieche Hippokrates und der römische Arzt Galen. Klöster waren darüber hinaus auch Orte, an denen das Gebot, gegenüber Kranken, Armen und Fremden christliche Nächstenliebe zu üben, selbstverständlich zum Alltag gehörte. Die Klöster verstanden sich, im Einklang mit der Regel des heiligen Benedikt, sowohl als Stätten des Heils als auch der Heilung. Sie sorgten sich um die Seele ebenso wie um den Körper. Leitend wirkten dabei die Worte im 25. Kapitel des Matthäus-Evangeliums: „Ich war nackt, und ihr habt mich bekleidet. Ich war krank und ihr habt mich besucht. Ich war hungrig, und ihr habt mich gespeist."

Das ideale Benediktinerkloster

Die praktische Umsetzung eines Klosters verlangte jedoch mehr als nur tiefe, religiöse Überzeugung. Die baulichen Voraussetzungen mussten stimmen und das Kloster benötigte zudem Mitglieder, die Erfahrung in der Pflege kranker Menschen hatten und sich in der Heilkunde auskannten. Den Idealplan eines Klosters zeigt der um das Jahr 820 im Kloster der Bodenseeinsel Reichenau entstandene Klosterplan von St. Gallen. Die große Klosterkirche ist besonders auffällig mit ihren zwei runden Türmen. Im Westen befand sich der Vorratskeller, im Südwesten die Küche. Direkt daneben lag das Refektorium, der Speisesaal, östlich des Kreuzgangs der Schlafsaal. Um diesen Kernbereich gruppierten sich eine Anzahl weiterer Gebäude. Neben den Wirtschaftshäusern waren dies vor allem Hospitalanlagen im Osten und Westen.

Jedes Kloster verfügte über einen eigenen Garten, in dem Heilpflanzen und Gewürze angebaut wurden. Bereits das Lorscher Arzneibuch zeigt, wie umfangreich die Kenntnisse der Mönchsärzte über die Wirkung der Pflanzen waren. Der St. Gallener Klosterplan verrät auch die ideale Gestaltung des Klostergartens. In länglichen, rechteckig angelegten Beeten wurde jeweils nur

Krankenpflege im Kloster wurde von den dort lebenden Nonnen betrieben.

eine Pflanze kultiviert, um die Reinheit des Krauts zu gewährleisten und die Verwechslungsgefahr zu vermindern. Außerdem konnten heilkundige Mönche und Nonnen nun auch Laien oder Botenjungen zum Ernten schicken. Anstatt des komplizierten lateinischen Namens nannten sie das Blumenbeet zum Beispiel: „Das letzte Beet an der rechten Mauer".

Hildegard von Bingen, die große Visionärin

Die Konzilbeschlüsse des 12. und 13. Jahrhunderts setzten der Klostermedizin jedoch ein Ende. 1130 wurde den Klerikern das Studium der Medizin untersagt, schließlich wurde ihnen verboten, sich der Chirurgie zu widmen. Nach dem Beispiel der Klostergärten legten Adel und Ritter ihre Burggärten an, auf dem Lande entstanden Bauerngärten, in den Städten verbreiteten sich die Pfarr- und Apothekergärten. Das Wissen der Mönche über Arzneipflanzen und deren Wirkungen ebnete schließlich den Weg von der medizinischen Grundversorgung zur Entwicklung der heutigen Schulmedizin.

Mit der Äbtissin Hildegard von Bingen (1098–1179) erlebte die Klostermedizin eine letzte späte Blüte. Sie hinterließ zwei naturkundliche und medizinische Werke: „Physica" und „Causae et curae". Während das erste eine für den Volksgebrauch bestimmte Naturkunde und Heilmittellehre ist, enthält das zweite Werk Heil- und Behandlungsmethoden.

In Hildegards Heilkunde geht es weniger um eine therapeutische Korrektur, als um die Hinwendung zu sinnvoller und maßvoller Lebensführung. Als wirkungsvolle Mittel betrachtete die Visionärin die heilsamen Kräfte im Wort und in der Musik, vor allem aber in der persönlichen Zuwendung zum Kranken. Den bloßen Salbenmischern attestierte sie: „Wie könnt ihr Heilmittel verabreichen, ohne eure Tugend dazuzutun!" Was Hildegards Heilkunde auszeichnet, ist eine gelungene Synthese der antiken Naturheillehre mit dem christlichen Geist der Barmherzigkeit.

Heilige Heiler

Heilige spielten in der Auseinandersetzung mit Krankheit und Tod im gesamten Mittelalter eine wichtige Rolle. Half die ärztliche Kunst nicht mehr weiter – und das war oft der Fall –, rief man die Heiligen an. War Christus nach mittelalterlichem Verständnis der höchste aller Ärzte, so stand unter ihm die große Schar der nach göttlichem Willen zur Linderung auch gesundheitlicher Leiden wirkenden Heiligen. Allen voran die 14 heiligen Nothelfer, deren Verehrung seit dem 9. Jahrhundert bezeugt ist. Zu ihnen gehörten der heilige Achatius, der bei Todesangst angerufen wurde, der heilige Aegidius, der für die Ablegung einer guten Beichte zuständig war, die heilige Barbara als Patronin der Sterbenden, Blasius zur Linderung von Halsbeschwerden, Christopherus als Schützer vor einem plötzlichen Tod sowie Cyriacus, der um Schutz gegen Anfechtungen in der Stunde des Todes angefleht wurde. Als weitere Nothelfer gelten die Heiligen Dionysius, der im Falle von Kopfschmerzen, und Erasmus, der bei Magenschmerzen und Beschwerden des Verdauungstraktes fürsprechend eingriff. Der heilige Eustachius wurde in allen schwierigen Lebenslagen um Hilfe gebeten, der heilige Georg gegen Seuchen. Die heilige Katharina war zuständig für Zungen- und Sprachleiden und als Patronin der Gebärenden galt die heilige Margareta. Der heilige Vitus wurde gegen die Epilepsie angerufen und der heilige Pantaleon war neben den Brüdern Kosmas und Damian einer der Schutzpatrone der Ärzte.

Das Martyrium des heiligen Vitus

Die heilige Katharina von Alexandrien (Gemälde von Bartolomeo Bulgarini)

In manchen Regionen wurden die 14 Heiligen auch von den Nothelfern Rochus von Montpellier, Nikolaus von Myra, Albertus Magnus und Leonhard von Limoges ersetzt.

Zum weiten Feld der „religiösen Medizin" gehörten natürlich auch die Verehrung von Reliquien, die Einnahme von heiligen Wassern und Ölen sowie Wallfahrten, etwa an das Grab des einstigen Erzbischofs von Canterbury, Thomas Becket, oder an das Grab der heiligen Elisabeth von Thüringen. Die ehemalige Landgräfin von Thüringen, die bis 1227 auf der Wartburg gelebt hatte, diente später den Armen und Kranken. Nicht selten nahmen vor allem Eltern kranker Kinder weite Wege auf sich, um für eine Gesundung ihres Sprösslings am Grab Heiliger zu beten.

Medizinische Bildung

Im Hochmittelalter trennten sich nach und nach die Heiler der Seele – die Priester – von denen des Körpers – die Ärzte –, die zugleich Gelehrte und professionelle Mediziner wurden und eine Korporation, eine berufsständische Vereinigung bildeten. Medizinische Schulen wurden geschaffen und Universitäten gegründet. Die berühmteste Schule entstand um das Jahr 1000 in Salerno unweit Neapels. Die Schule verband die wichtigsten Einflüsse aus der abendländischen und arabischen Medizin. Erste Sektionen an Schweinen erbrachten ein umfangreiches anatomisches Wissen. Als eigene Disziplin bildete sich auch die Chirurgie aus. Um die Qualität der noch jungen Medizin zu gewährleisten, wurde 1240 erstmals eine Medizinalordnung erlassen, welche die Aufgabengebiete von Apothekern und Wundärzten gegenüber den Schulmedizinern regelte. Schnell entwickelten sich in Toledo und Montpellier weitere Universitäten, an denen Medizin studiert werden konnte.

Zahnbrecher und Scharlatane

Vor allem auf dem Land waren studierte Wanderärzte selten. Auf mittelalterlichen Märkten und Messen boten deshalb eine Vielzahl fahrender Heiler ihre Dienste an. Der gemeine Mann konnte bei ihnen „Wundermittelchen" kaufen, mehr oder weniger wirksame Heilmittel, Kräuter, Salben und sogar Drogen. Bestandteile der Arzneien waren u. a. Mumienpulver, Pferdemist und Theriak. Die fahrenden Zahnbrecher des Mittelalters fuhren wie Schausteller von Markt zu Markt und boten ihr Handwerk verzweifelten Patienten an. Die Zahnbrecher waren gleichzeitig Possenreißer und Zauberer. Zur allgemeinen Erheiterung der Massen wurden den Leidenden die Zähne gezogen, wobei die Schreie der Opfer mit Pauken und Trompeten übertönt wurden.

Medizinische Berufe

Der studierte Medicus oder Physicus überwachte als Stadtarzt die gesundheitlichen Zustände in der Stadt, er kontrollierte Apotheker, Hebammen und Bader. Wundärzte (Chirurgicus) waren als Handwerker in Zünften organisiert. Zu ihren Aufgaben zählten das Behandeln von Wunden mit Pflastern, Salben und Ölen, das Einrenken von Gelenken, der Aderlass und das Schienen von Knochenbrüchen. Auch Steinschnitte (Entfernen von Blasensteinen), Starstiche (Linderung des grauen Stars durch Zurückdrücken der Linse), Amputation, Geschwüröffnungen und die Behandlung von Leistenbrüchen fielen in ihren Aufgabenbereich.

Bis ein Barbier das Rasierbecken, sein Zunftzeichen, vor seinem Laden aufhängen durfte, musste er eine Ausbildung und anschließend seinen Meister machen. Zu seinen Tätigkeiten gehörte neben der Haar- und Bartpflege auch der Aderlass.

In den Städten und Dörfern oft anzutreffen war der Bader, dessen Hauptaufgabe – wie der Name bereits sagt – das Bereiten verschiedener Dampf- und Kräuterbäder im Badehaus war. Das Waschen der Gäste, das Schröpfen und Zähneziehen fielen ebenfalls in sein Metier. Vielerorts führten Bader auch die Leichenwaschungen durch.

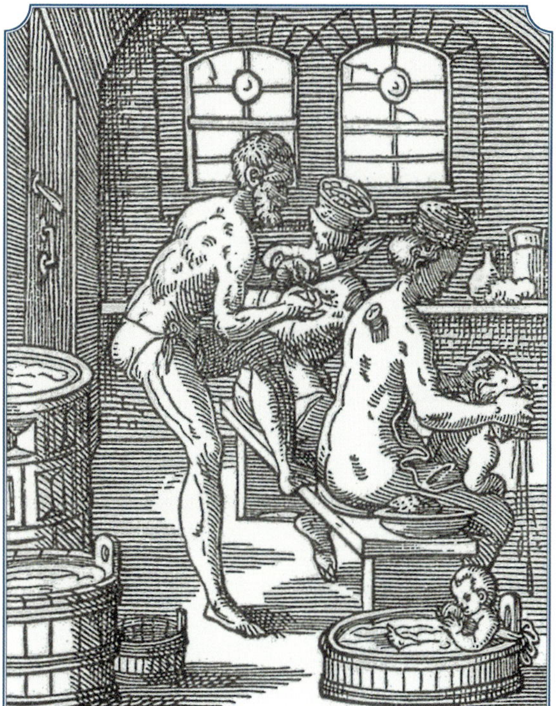

Ein Bader beim Schröpfen (Illustration aus Jost Amanns Ständebuch von 1568)

Bauern- und Herrenspeise: Blick in den Kochtopf

Zwischen Fasten und Völlerei

Als im Jahre 1303 der Magistrat der Stadt Weißenfels anlässlich der Einweihung der Stadtkirche eine große Feier veranstalten ließ, wurde für die hohen Gäste ein pompöses Festmahl aufgetischt: Eiersuppe mit Safran, Pfefferkörnern und Honig, Hirsegemüse, Schaffleisch mit Zwiebeln, gebratenes Huhn mit Zwetschgen, Stockfisch mit Öl und Rosinen, in Öl gebackene Brachse, gesottener Aal mit Pfeffer, gerösteter Bückling mit Leipziger Senf, sauer zubereitete, gesottene Fische, gebackene Barben, in Schmalz zart gebratene, kleine Vögel mit Rettich, eine Schweinskeule mit Gurken und vieles mehr. Was hier wie im Schlaraffenland anmutet, musste Wochen im Voraus ganz genau geplant werden. Der riesige Aufwand, der zum Teil bei festlichen Zusammenkünften betrieben wurde, führte im Mittelalter nicht selten direkt in den finanziellen Ruin. Im Alltag ging es aber auch bei Adel und Patriziat bescheidener zu.

An hohen kirchlichen Feiertagen, zum Frühlingsanfang oder nach dem Einbringen der Ernte, in der Zeit des Schlachtens, bei Hochzeiten oder Taufen, wenn ein Knappe zum Ritter geschlagen wurde oder ein Sohn vom Kreuzzug zurückkehrte: Einen Grund zum Feiern gab es immer – damals wie heute. Doch die Kirche hatte ein wachsames Auge auf derlei Ausschweifungen, kanzelte sie als Todsünde, als Völlerei ab. Und führte zum Ausgleich rund 150 Fastentage ein, an denen der Gürtel enger geschnallt werden sollte. Der Verzehr von Fleisch war an solchen Tagen strikt verboten, zum Teil wurden auch Milch, Käse und Eier vom Speisezettel gestrichen. Stattdessen kamen Stockfisch und Salzhering auf den Tisch, zumindest bei den kleinen Leuten. Wohlhabende Adelige und Patrizier hatten da ganz andere Möglichkeiten. Sie konnten Krebse, Pasteten, Reis mit Mandelmilch und Zimt, Torten, Kuchen, Kirschen, Feigen und vieles mehr genießen.

Wenn der Magen knurrte …

Die Völlerei stand jedoch in krassem Gegensatz zu Hungersnöten und Missernten, von denen vor allem Bauern und Leibeigene betroffen waren. Sie mussten Abgaben in Form von Naturalien an den Grundherrn leisten und waren nicht in der Lage, Lebensmittel anzukaufen, wenn eine Ernte schlecht ausgefallen war. Große Schwankungen zwischen Überfluss und Mangel, und die Ungewissheit, ob morgen noch so viel da sein würde wie heute, machten die Lust am guten und üppigen Essen gerade bei Bauern und Tagelöhnern verständlich. Denn das Alltagsessen war von diesen Schwankungen geprägt, wenn auch für Herren und Bauern in unterschiedlichem Maße. War Getreide knapp und teuer, streckten es Bauernfamilien mit Kastanien, Hülsenfrüchten, Eicheln und Farnen, hohe Adelige konnten sich dagegen an überquellenden Vorratskammern erfreuen. Nicht selten zogen die Menschen dahin, wo sie ausreichende Nahrungsmittel vorzufinden glaubten. Im Hochmittelalter vermuteten nicht wenige, in der Stadt besser leben zu können und gaben deshalb ihren „Hungeracker“ auf.

Im Spätmittelalter schwächten die intensivierten Fernhandelsbeziehungen und die Erweiterung der Landwirtschaft die Folgen von Fehlernten ab. Die Standesgrenzen begannen, durchlässig zu werden, einigen freien Bauern ging es besser, sie konnten sich mehr Fleisch und auch andere Nahrungsmittel leisten, die eigentlich dem Adel vorbehalten waren. Der Satiriker und österreichische Ritter Seifrit Helbling rief deshalb im 13. Jahrhundert dazu auf, Bauern, die sich nicht mehr mit den ihnen nach ihrem Stand zukommenden Speisen begnügen wollten, in die Schranken zu weisen. Für ihn kam das bäuerliche Gebaren einer Naturkatastrophe gleich: „Den Bauern bestimmt man zur Speise Fleisch und Kraut und Gerstenbrei; ohne Wildbret sollten sie sein,

Wider die Völlerei

„Freilich, mancher Vielfraß ist ganz arm und verschafft sich's nur durch Lug und Trug, durch Diebstahl und Raub und überlegt an vielen Stellen, wie er seiner Völlerei Genüge tue. Und manches, was seiner Hausfrau und seinem Kind verlorengeht, jagt er allein durch seinen Schlund und lässt seine Hausfrau hungern und sein Kind frieren. Nun seht ihr, wie vielerlei Schaden die Sünde anrichtet, die Völlerei heißt; an Leib und Seele, an Ehre und Gut. Auch wenn es sich einer mit seinem Gut wirklich leisten kann, es nimmt ihm doch die Ehre, wenn man sagt: Der da ist ein Vielfraß oder ein Schlauch, oder die da ist eine Vielfräßin. Früher einmal waren die Frauen sehr gut erzogen und maßvoll im Essen und Trinken. Aber jetzt ist's vorbei und sogar zur Gewohnheit geworden: Während der Mann das Schwert vertrinkt, hat sie Ring und Kopftuch vertrunken. Und so haben sich beide, Mann und Frau, durch ihre Völlerei um die Ehre gebracht und um Seele, Leib, Leben, Gesundheit und hohes Alter.“ (Aus einer Bußpredigt des Franziskaners Berthold von Regensburg)

am Fasttag Hanf, Linsen und Bohnen; Fisch in Öl sollten sie schon die Herren essen lassen, das war so Brauch. Nun essen sie mit den Herren alles, was man Gutes finden kann. Das ist für das Land ein Hagelschlag."

In der Küche

Herzog Johann von Valois bei einem großen Mahl. Illustration von Très Riches Heures „Das Stundenbuch des Herzogs von Berry", ca. 1410

Im Früh- und auch noch im Hochmittelalter kamen in den bäuerlichen Kochtopf vor allem Hafer und Roggen – Weißbrot und Reis ließen sich die wohlhabenden Herren schmecken –, doch gegen Ende des Mittelalters spielte auch in den bäuerlichen Haushalten Fleisch eine wichtigere Rolle. Schweinespeck, Würste, Innereien, aber auch Geflügel, Ziege und Schaf wurden in der Küche verarbeitet. Dem Tisch der Adeligen, die das Jagdprivileg besaßen, blieben Wildschwein, Hirsch, Reh, Hase, Wachteln, Rebhühner, Tauben, Drosseln und Sperlinge vorbehalten. Dazu gab es Feines von Kalb, Rind, Schwein, Schaf und Ziege. Eier, Milch und Milchprodukte wurden sowohl in der bäuerlichen als auch in der herrschaftlichen Küche verwendet, Gleiches galt für Fische. Lachs, Hecht und Barsch waren allerdings nur etwas für die Wohlhabenden, die Ärmeren begnügten sich mit Kabeljau und Hering.

Beim Gemüse gab es Überschneidungen. Rüben, Kohl und Hülsenfrüchte galten zwar als Bauernspeise und wurden in bäuerlichen Haushalten in großen Mengen verzehrt, aber sie deckten auch die Alltagstische der feinen Damen und Herren. Auch heimisches Obst wurde in beiden Küchen verarbeitet; Weintrauben, Feigen, Datteln, Mandeln und andere exotische Früchte konnten sich jedoch nur Adelige leisten. Kräuter wie Petersilie, Minze, Dill, Sellerie, Liebstöckel, die im Garten wuchsen, bereicherten die bäuerliche Ernährung, adelige Grundherren konnten sich zudem orientalische Gewürze leisten – und Pfeffer, der über den Fernhandel nach Europa gelangte und so manchen Kaufmann reich machte. Gesüßt wurde bis in das Spätmittelalter hauptsächlich mit Honig.

Herr und Bauer unterschieden sich auch in der Getränkewahl. Würzwein und Met ließ man sich bei Hofe schmecken, Wasser, Bier und Obstweine erfreuten dagegen die einfache ländliche und auch städtische Bevölkerung. Bier war nicht nur günstiger als Met und Würzwein, es war auch kalorienreicher und wurde deshalb mehr geschätzt. Ähnlich wie es auf dem Lande zwischen Herren- und Bauernspeise einen Unterschied gab, unterschieden sich auch in der Stadt Patrizier und einfache Stadtbewohner in ihren Ernährungsgewohnheiten. Während sich Patrizier an den Lebensgewohnheiten und damit auch an den Speisen des Adels orientierten, kam bei den einfachen Stadtbewohnern Essen auf den Tisch, das dem eines bäuerlichen Haushalts ähnelte.

Herd und Küchenutensilien

Zum Kochen diente ein offenes Feuer, meist eine Art offener Kamin: Ein festgestampftes Stück Boden, mit Steinen umrandet, manchmal mit einem knie- bis hüfthohen Unterbau. Herde dieser Form waren in bäuerlichen Haushalten und in denen der Oberschicht gebräuchlich. Für die feine Küche des Mittelalters war es notwendig, mit dem offenen Feuer die Hitze richtig zu dosieren.

Für das Kücheninventar selbst ist aus dem Mittelalter ein anschaulicher Anhaltspunkt überliefert, der sich auf die Hausstandsgründung junger Eheleute bezieht. Es ist das von Hanns Paur geschaffene sogenannte Verlobungsbild

Die ersten Kochbücher

Besonders aus Frankreich sind bedeutende Kochbücher des 14. Jahrhunderts überliefert, so z. B. der berühmte „Viandier", die Rezeptsammlung des Chefkochs Karls V., und das Werk des Ménagier de Paris. Im „Ménagier" finden sich nicht nur Rezepte, sondern auch zahlreiche Hinweise zur Beschaffung und Konservierung von Lebensmitteln und eine Zusammenstellung von Speiseplänen. Das erste deutsche Kochbuch ist das „Buch von der guten Speise" aus Würzburg (um 1350). Es enthält 101 Rezepte und kannte bereits verschiedene raffinierte Zubereitungsverfahren und kostbare Zutaten und Gewürze, wie etwa Zimt, Pfeffer und Rohrzucker. Die meisten Rezeptsammlungen wurden anonym verfasst, wie auch das erste gedruckte Kochbuch, die „Küchenmeisterei" (Nürnberg, um 1485).

(1475). Dort erkennt man ein Sortiment von Küchenutensilien: Kochgeschirr wie Stielpfanne, Hängekessel, irdener Deckeltopf, dreibeiniger Kugeltopf und Sieb, Schürgabel, Pfannenring, Blasebalg, Bratrost, Bratspieß, Hackmesser, Mörser, Waffeleisen, Herdbesen und Salzfass. Derartige Küchenutensilien waren meist nur in wohlhabenden Haushalten zu finden. Die Küche der Bauern, wenn man diese überhaupt als solche bezeichnen kann, bestand hauptsächlich aus einer einfachen offenen Feuerstelle, über der an einem eisernen Haken ein Topf hing.

Mittelalterliche Küche mit Herdofen und Bratenwender, Darstellung um 1505

Tafelgeschirr war noch nicht verbreitet. Als Teller kannten die einfachen Leute noch im Spätmittelalter einen brettartigen Holzteller, doch meistens wurde aus der Schüssel gelöffelt, in der das Essen auf den Tisch getragen wurde. Man nahm den Brei mit den Händen oder tunkte die Suppe mit Brotstücken auf. Auch in höfischen Kreisen war es durchaus üblich, dass zumindest zwei aus einer Schüssel aßen.

Zu Beginn des 13. Jahrhunderts setzten sich Löffel und Messer, erst im 16. Jahrhundert die individuelle Gabel durch, die noch 1023 in Montecassino von den Mönchen als Werkzeug des Teufels bezeichnet wurde, weil sie – dreizinkig – so große Ähnlichkeit mit dem Dreizack des Teufels hatte. Hildegard von Bingen sagte, wer die Gabel statt der Finger benutze, verhöhne Gott. Zum Trinken nutzte die arme Bevölkerung henkellose Holz- oder Tonbecher, die vornehmen Herren hatten feinere Exemplare aus Bronze oder Zinn.

Unter dem Einfluss von Wein und Bier ging es im Mittelalter schon mal hoch her …

Kleider machen Leute: Mode im Mittelalter

Mode der Herrschenden

Die Unterschiede waren bis ins Hochmittelalter – sieht man mal vom Geistlichen oder hohen Amtsträgern ab – noch recht gering ausgeprägt, doch wurden mit zunehmender sozialer Differenzierung im Spätmittelalter Gewandung, Haartracht und Schmuck Ausdruck des eigenen Wertegefühls. Wer es sich leisten konnte, demonstrierte Machtfülle, Erfolg und Reichtum – nicht anders als heute – in der Öffentlichkeit. Mit der Kleidung grenzte sich der wohlhabende Kaufmann vom einfachen Handwerker ab, der Mönch von den Laien, der Bauer vom Tagelöhner. Städtische Kleiderordnungen und Stellungnahmen der Kirche lassen vermuten, dass es nicht selten zu Übertreibungen kam.

Trend zu mehr Körperlichkeit

Im 13. Jahrhundert wurden nicht nur byzantinische und arabische Einflüsse spürbar, auch das Körpergefühl der Menschen hatte sich geändert: Man hatte Freude daran, den Körper plastisch zu betonen und Aufsehen zu erregen. Der bodenlange Leibrock umschloss den Körper enger, von der Taille an weitete er sich, bei Frauen sehr viel stoffreicher als im Früh- und Hochmittelalter. Mann und Frau trugen ein Oberkleid, ein Surkot, von der Länge des Rockes. Bei Frauen waren der Brustschlitz, der mit Knopf oder Nadel verschlossen wurde, und austauschbare Ärmel beliebt. Auch den Mantel, einen bodenlangen, offenen Schulterumhang mit einer Schließe in Brusthöhe, hatten Mann und Frau gemeinsam. Das weibliche Bein bedeckten Halbstrümpfe, die unterhalb der Knie festgebunden waren. Beide Geschlechter trugen gleich gestaltete Halbschuhe mit einem innenliegenden Spangen- oder Schnürverschluss und einer betonten Spitze.

100 Jahre später hatten die Schuhe rattenschwanzartige Fortsätze (Schnabelschuh). Unverheiratete Frauen trugen das Haar unbedeckt, verheiratete Frauen hatten ein Kinnband, das von einem kappenartig auf dem Kopf liegenden steifen Band ergänzt wurde. Auch Kopftücher und Schleier blieben in Mode. Eine rein männliche Kopfbedeckung war die weiße Bundhaube, deren Kinnband wie bei den Frauen die Ohren bedeckte; daneben waren auch Hüte und Mützen beliebt. Die Haartracht darunter: schulterlang mit künstlichen Locken im Genick und an der Stirn. Frauen zeigten gerne offene Locken oder ums Haupt geschlungene Zöpfe. Um 1400 war die Gugel in Mode, eine Art von Kapuze, die eine überdimensionale Verlängerung des Kapuzenzipfels bekam.

Modische Kleidung und Schnabelschuhe Ende des 15. Jahrhunderts

Bei Männern kamen Bärte in Mode. Dieser Trend konnte sich allerdings nicht wirklich durchsetzen und die Bartmode verschwand bald wieder. In der Damenwelt waren sie nicht sonderlich beliebt und Ordnungsverfechter nannten sie barbarisch und heidnisch.

Die Männer begannen um 1400, das Oberkleid zu kürzen. Nach seiner französischen Herkunft wurde es „jaque" oder „jaquette" genannt oder Schecke. Gegen Ende des 15. Jahrhunderts schrumpfte diese zu einer äußerst knappen Ärmeljacke, die teils mit kurzen, an den Seiten und vorne offenen

Grau für die Bauern

Die vor allem im höfischen Bereich entwickelte Mode versuchten jetzt auch die Bauern nachzuahmen. Statt des schlichten, knielangen Kittels, so wetterte Neidhart von Reuenthal, „beginnen sich die Dörper jetzt sich üppichlich gewandt zu kleiden". 1244 verordnete der Bayerische Landfriede, dass Bauern keine vornehmere Kleidung als billige graue oder billig blaugefärbte verwenden sowie rindslederne Schuhe tragen sollten. Die Farbe für Bauern war Grau. Kräftige, leuchtende, bunte Farben waren den höheren Ständen vorbehalten. Die ersten Polizeiordnungen untersagten Bauersfrauen und ihren Töchtern „Krägen, Übermieder, Schleier mit Besatzleisten, Edelmetall- und Seidengürtel". An Pelzen durften sie Ziegen- und Lammfelle tragen, aber nur als Kleiderfutter. Alle Kleider durften nur aus inländischem Tuch gefertigt sein.

Schößen, teils ohne Schöße getragen wurde. Der Vorläufer des Herrenjacketts war geboren. Frauen zeigten vor allem eines: Dekolleté. Auch das Gesichts- und Nackenprofil wurde betont und zur Geltung gebracht. Das geschah durch Schminken und durch Ausrasieren des natürlichen Haaransatzes bis unter die Haube bzw. durch das Hochstecken der Haare – oft zu Zöpfen geflochten. Ihr Unterkörper blieb nach wie vor unter einer Fülle an Stoff verborgen, die häufig in einer langen Schleppe ausuferte – auch Teufelsschweif genannt. Seit Ende des 15. Jahrhunderts gab der französische Hof die Mode vor: Die zuvor engen und schmalen Proportionen weiteten sich, Überspitztes rundete sich. Man trug die Houppelande, ein faltenreicher, langer, reich gezaddelter Männermantel mit langer Schleppe und Flügelärmeln, den Frauen stets gürteten, um die Taille zu betonen.

Till Eulenspiegel in typischer Zatteltracht. Die männliche Bekleidung wurde in lange Zacken oder Streifen (sogenannte Zatteln oder Zaddeln) geschnitten oder mit Zatteln besetzt.

Die burgundische Mode erfasste alle Länder Europas – nicht nur den Adel, sondern auch das Bürgertum. „Besonders die Jugend übertrieb die von Burgund überlieferten modischen Tendenzen so sehr, dass die spätmittelalterliche Mode in Deutschland – losgelöst von burgundischer Hofkultur und Disziplin – ihre wohl seltsamste und bizarrste Spätlese erlebte. In keinem anderen Lande dürften die Männer so tief dekolletiert, ihre Hosen so knapp und die Schnäbel der Schuhe so lang gewesen sein, und nirgendwo sonst dürfte man die Kleidung am Ende des 15. Jahrhunderts so gespreizt und exaltiert getragen haben." (E. Thiel: Geschichte des Kostüms)

Zeitleiste

751 Begründung des mittelalterlichen Sakralkönigtums durch Pippin den Jüngeren. Herrschaft des Geschlechts der Karolinger über das Frankenreich (in Deutschland bis 911, in Frankreich bis 987)

768–814 Karl der Große, 768 König der Franken, 774 König der Langobarden, 800 Kaiserkrönung durch Papst Leo den III.

792 „Capitulare de villis“ Karls d. Großen: eine Landgüterverordnung mit detaillierten Vorschriften über die Verwaltung der Krongüter

9. Jh. Beginn des Burgenbaus in Europa; Höhepunkt im 12. und 13. Jh.

843 Vertrag von Verdun (Reichsteilung zwischen Lothar I., Ludwig d. Deutschen und Karl d. Kahlen)

910 Gründung des Benediktinerklosters Cluny in der Region Burgund; Ausgangspunkt der umfassenden Klosterreform

911–1024 Herrschaft der ostfränkisch-sächsischen Kaiser, die Ottonen (Konrad I., Heinrich I., Otto I., Otto II., Otto III., Heinrich II.)

1024–1125 Dynastie der Salier (Konrad II., Heinrich III., Heinrich IV., Heinrich V.)

1071–1127 Herzog Wilhelm IX. von Aquitanien, erster Troubadour, der erste weltliche Lyriker Europas, der in einer Volkssprache dichtet

1075–1077 Investiturstreit zwischen Kaiser Heinrich IV. und Papst Gregor VII. um das Recht, Bischöfe einzusetzen; Bußgang nach Canossa 1077

1095 Synode von Clermont: Aufruf zum Ersten Kreuzzug (1096–1099)

1099 Eroberung Jerusalems: Errichtung christlicher Lehnstaaten

Anf. 12. Jh. Im Gefolge der Kreuzzüge entstehen die Ritterorden (1113 die Johanniter/Malteser, 1120 die Templer, 1190 der Deutsche Orden).

1122 Wormser Konkordat (Verzicht des Königs auf die Investitur mit Ring und Stab)

1147–1149 Zweiter Kreuzzug

1170 Thomas Becket, Erzbischof von Canterbury, ermordet und als Heiliger verehrt

1182–1226 Franz von Assisi, Begründer der monastischen Armutsbewegung

1189–1192 Dritter Kreuzzug, ausgelöst durch die Eroberung Jerusalems durch Sultan Saladin 1187

1202–1204 Enrico Dandolo, Doge von Venedig, übernimmt den Transport der Teilnehmer des Vierten Kreuzzuges (1202–1204).

1209–1229 Albigenserkriege in Südfrankreich, die Katharersekte wird vernichtet
1212 Kinderkreuzzug
1215 Kleiderordnung und Verbot von Ämterbesitz für die Juden durch das 4. Laterankonzil
1220 Eike von Repgow zeichnet im Sachsenspiegel das Gewohnheitsrecht auf.
1228–1229 Fünfter Kreuzzug
1248–1254 Sechster Kreuzzug; Ludwig IX., König von Frankreich wird gefangengenommen und nach der Zahlung eines hohen Lösegeldes freigelassen.
1270 Ludwig der Heilige kommt auf dem Siebten Kreuzzug in Tunis mit dem Großteil seines Heeres um.
1291 Die christliche Bastion Akkon wird von den Manelukken eingenommen.
1309–1377 Papstsitz in Avignon; „Babylonische Gefangenschaft" der Kirche
1347–1357 In Europa herrscht die Pest.
1356 Die Goldene Bulle regelt die Königswahl, die demnach bei den Sieben Kurfüsten liegt.
1378–1417 Großes Schisma der Katholischen Kirche mit zwei konkurrierenden Päpsten in Rom und Avignon
1381 Aufstand der Bauern unter Wat Tylers und John Balls in England
1397 Die Medici-Bank in Florenz wird gegründet.
1409 In Brügge entsteht die erste Börse, gefolgt von Antwerpen (1460) und Lyon (1462).
1414–1418 Konzil zu Konstanz; Beendigung des Schismas
1415 Der Reformator Jan Hus wird hingerichtet.
1431 Die Engländer richten Jeanne d'Arc hin.
1440–1493 Friedrich III. ist römisch-deutscher Kaiser.
1445 Erfindung des Buchdrucks durch Johannes Gutenberg in Mainz
1453 Eroberung Konstantinopels durch die Türken
1487 Hexenhammer von Institoris und Sprenger
1488 Gründung des Schwäbischen Bundes
1492 Entdeckung Amerikas durch Kolumbus
1517–1520 Luthers 95 Thesen und Programmschriften bewirken die Reformation.
1524/25 Bauernkrieg in Deutschland

Genehmigte Lizenzausgabe
tosa GmbH
Fränkisch-Crumbach 2011
www.tosa-verlag.de

Layout, Satz und Umschlaggestaltung:
SAMMÜLLER KREATIV GmbH

ISBN 978-3-86313-101-2

Bildnachweis

Pixelio: Chartres, Dieter Schütz 61/
Wartburg, Bärbel Jobst 82

Shutterstock: Maugli Cover, 6, 18, 38, 50, 62, 74, 88, 104, 116, 122/LaFifa Cover/
Oleg Iatsun Cover

The Bridgeman Art Library:
The Holy Family with St. Elizabeth, St. John the Baptist and Three Noblewomen, c. 1557 (vellum) by Clovio, Giorgio Giulio (1498–1578)
Cover